Albrecht Wagner

Über die deutschen Namen der ältesten Freisinger Urkunden

Ein Beitrag zur Geschichte der althochdeutschen Sprache in Bayern

Albrecht Wagner

Über die deutschen Namen der ältesten Freisinger Urkunden
Ein Beitrag zur Geschichte der althochdeutschen Sprache in Bayern

ISBN/EAN: 9783743492684

Hergestellt in Europa, USA, Kanada, Australien, Japan

Cover: Foto ©ninafisch / pixelio.de

Weitere Bücher finden Sie auf **www.hansebooks.com**

ÜBER

DIE DEUTSCHEN NAMEN

DER

ÄLTESTEN FREISINGER URKUNDEN.

EIN BEITRAG

ZUR GESCHICHTE DER ALTHOCHDEUTSCHEN SPRACHE

IN BAYERN

VON

ALBRECHT WAGNER.

ERLANGEN, 1876.
DRUCK DER UNIVERSITÄTS-BUCHDRUCKEREI VON E. TH. JACOB.

I. Einleitung. Stand der Ueberlieferung.

Deutsche Namen datierter Urkunden sind zuerst im Jahre 1843 von Theodor Jacobi zu einer chronologisch geordneten Darstellung der Lautentwickelung verwandt worden. Jacobi hat in seinen „Bemerkungen über die langen Vokale und Diphthongen der althochdeutschen Sprache" (Beiträge zur deutschen Grammatik, S. 107 ff.) hauptsächlich fränkische Gegenden im Auge gehabt. Es folgten die Arbeiten von Franz Dietrich über die gotische, von Wilhelm Wackernagel über die burgundische Sprache, von Richard Heinzel über die niederfränkische Geschäftssprache. Müllenhoff in der Vorrede zu den Denkmälern hat zuerst versucht, auf Grund der Namen datierter Urkunden das Alter von litterarischen Denkmälern zu bestimmen. Er fügte in die chronologisch geordnete Lautentwickelung, wie sie sich aus den urkundlichen Namen ergab, das betreffende Denkmal an passender Stelle ein und hat auf diese Weise die Abfassungszeit des Tatian bestimmt. Mit Hülfe der ältesten St. Gallischen Namen ist es neuerdings Henning (QF III) gelungen, das Alter der St. Gallischen Sprachdenkmäler bis zum Tode Karls des Grossen zu ermitteln und die von anderen Gesichtspuncten ausgehenden Datierungen Scherers zu bestätigen. Henning weist nach, dass der Stamm der Franken, auch was die lautliche Entwickelung betrifft, den Alemannen vorangeeilt ist.

Eine auf die Urkunden gestützte chronologische Darstellung der althochdeutschen Sprache in Baiern ist bis jetzt nicht versucht, obwohl längst von competenter Seite auf den Reichthum der Freisinger Urkunden und die Pracht der in ihnen enthaltenen deutschen Namen hingewiesen worden ist. Der Stand der Ueberlieferung ist in Baiern ein anderer, als in Alemannien und Franken. Die ältesten baierischen Urkunden sind nicht im Original, sondern nur in Copialbüchern erhalten. Sind diese auch theilweise von so hohem Alter, dass sie in die Abfassungszeit der Originalurkunden hineinreichen, so ist doch vor der Benutzung für unsere Zwecke überall eine sorgfältige Prüfung nöthig. Jungen Abschriften alter Urkunden fehlt in lautlicher Beziehung die Unmittelbarkeit der Auffassung, und sie sind für die chronologische Darstellung der Lautentwickelung so gut wie werthlos.

Die reichhaltigste und wichtigste Quelle für die ältesten baierischen Namen bilden die Freisinger Urkundensammlungen, und unter diesen nimmt die von Cozroh gefertigte Handschrift wegen ihres Alters und ihrer Zuverlässigkeit zweifellos die erste Stelle ein. Sie zählt zu den kostbarsten Kleinodien des Königlichen allgemeinen Reichsarchives zu München.

Man hat bisher angenommen, der Codex sei in den Jahren 810 bis 848 von Cozroh geschrieben (Roth, Oertlichk. d. Bisth. Freis. S. III und Weinhold, Bair. Gr. S. XII). Die Annahme stützt sich auf die beiden Erwägungen, dass die Handschrift auf Befehl des Bischofs Hitto (810—835) von Cozroh angefertigt wurde und dass letzterer im Jahre 848 zuletzt urkundlich vorkommt.

Es lässt sich nun durch einfache Combination zweier Thatsachen nachweisen, dass Cozroh mit der Anfertigung der nach ihm benannten Handschrift nicht vor dem Jahre 824 begonnen hat. In der sogenannten Praefatio Cozrohi monachi (K. Roth, Renner S. 39 ff.), dem Prooemium der Handschrift, sagt Cozroh, nachdem er sich über Hitto und das Werk, welches dieser ihm aufgetragen, ausgesprochen hat, folgendes: *Hoc tamen opus non vile, sed laudabile, cui commisisset, inquisivit invenitque tamen suum vilissimum servulum, sed tamen sui fidelissimum, nomine Cozroh, quem tamen ipse suis sacris disciplinis edocuit et ad presbiterii dignitatem provexit.* Der Schluss lautet: *Ipseque suae imperitiae conscius . . . . domino adjuvante hoc opus exorsus est.*

Daraus erhellt, dass Cozroh die Handschrift erst begonnen hat, nachdem er von Hitto zum Priester gemacht war. In den Urkunden begegnet er in den Jahren 822 und 823 noch als Diaconus, im Jahre 824 finde ich ihn dreimal (Mchb. N. 456, 462, 466) als Priester*). Er hat mithin an der Handschrift nicht von 810 bis 848, sondern nur von 824 bis 848 geschrieben.

Es wird nun auch klar, weshalb der Codex mit einer Schenkung des Bischofs Hitto aus dem Jahre 824 beginnt. Auf dem ersten ganzen Pergamentblatt der Handschrift, vor den Verzeichnissen, vor der Praefatio, vor den ältesten Urkunden steht eine Schenkung, deren Anfang so lautet: *Notum sit cunctis fidelibus in episcopatu sanctae Mariae, qualiter religiosus vir Hitto episcopus propter servitium fidelem* (sic) *ad domum sanctae Mariae Rihhoni praestavit in beneficium ad Scropinhusun quidquid jam olim* etc. Was soll die Urkunde an dieser Stelle, wenn sie nicht Cozroh dem Bischof gegenüber als eine Art von Probe seiner Befähigung zu dem ihm aufgetragenen Werke diente? Das Jahr 824 ist charakteristisch. Natürlich wählte Cozroh unter den ihm vorliegenden Schenkungen eine der jüngsten und zugleich eine solche, welche die Thätigkeit Hittos, seine Fürsorge für das Bisthum und seine Freigebigkeit ins Licht zu setzen geeignet war.

Die genaue Fixierung der Zeit, in welcher die Handschrift geschrieben wurde, ist für uns von Wichtigkeit. Wir haben bei Cozroh selbst eine grosse Anzahl von Urkunden aus den Jahren 824—848, welche beweisen, dass er nicht den Lautbestand seiner Zeit in ältere Urkunden hineingetragen hat.

Beweisend hierfür ist auch das Verhältniss der Ueberschriften zu den Urkunden. Die ersteren sind Eigenthum Cozrohs und zu practischen Zwecken gemacht.

---

*) Die Angabe Hundts (Abh. d. hist. Cl. d. Bayer. Ac. d. W. Bd. XIII, 1 S. 95), er sei seit dem 30. April 825 Priester, muss auf einem Versehen beruhen.

Im allgemeinen ist in ihnen das Streben zu erkennen, sich auch in der Form an die Namen der Urkunden zu halten. Wo dies nicht gelingt, dringen jüngere Formen herein, und dies ist wichtig. Am häufigsten ist altes *ô* der Urkunden durch *oa* in den Ueberschriften ersetzt. Urk. 5 ist *Toolpach* und *Toolpahc* der Urkunde = *Toalpah* der Ueberschrift, Urk. 14 *Hrodolvinga* = *Hroadolvinga*, Urk. 17 *Hrodheri* = *Hroadheri*, Urk. 27 *Poh* = *Poah*, Urk. 61 *Hrodolveshusir* = *Hroadolveshusir*, Urk. 80 *Hrodperht* = *Hroadperht*, Urk. 122 *Hrodolti* = *Hroadolti*.

Für *ai* in den Urkunden findet sich *ei* in den Ueberschriften, Urk. 114 *Maisaha* = *Meisaha*, Urk. 117 *Ainhart* = *Einhart*.

Nicht umgelautetes *a* der Urkunde ist in der Ueberschrift umgelautet, Urk. 58 *Dornakindorf* = *Dornegindorf*, Urk. 60 *Scaftilare* = *Sceftilare*. Daneben findet sich freilich gegen einen *Wolfheri* der Urkunde 99 *Wolfharii* in der Ueberschrift und in Urk. 7 *Eparhari* in der Ueberschrift gegen *Eparheri* und *Eparhari* im Text. Diese Ausnahmen sind wohl auf ein bewusstes Streben nach alten Formen zurückzuführen. Die jüngeren Formen der Ueberschriften sind bezeichnend für das unwillkürliche Zurückfallen des Schreibers in die gewohnte Schreibweise.

Zu Cozrohs Zeit haben auch in den Urkunden die *oa* über die alten *ô*, die *ei* über die alten *ai* und umgelautetes *a* über nicht umgelautetes gesiegt. Die fortlaufende, stetige Entwickelung der Laute, wie sie sich aus den Urkunden bei Cozroh ergiebt, spricht entscheidend für die Zuverlässigkeit des Schreibers.

Der Lautwandel in Baiern entspricht im wesentlichen demjenigen, der sich in Franken und in Alemannien vollzieht, und kann von Cozroh in dem verhältnissmässig kurzen Zeitraum, in dem er an der Handschrift schrieb, nicht wohl erlebt sein. Dass er etwas Derartiges auf eigne Faust habe machen können, wird niemand behaupten wollen.

Damit fallen die Bedenken gegen die Verwendbarkeit der Cozrohschen Urkunden für die Chronologie der Sprache, und ich stimme Hundt bei, der auf Grund anderer Erwägungen ebenfalls die Ansicht von der getreuen Widergabe der Urkunden durch Cozroh vertritt.

Ob der letztere immer die Originale oder gleichzeitige Copien und nicht vereinzelt — namentlich von den ältesten Urkunden — spätere Abschriften vor sich gehabt hat, darüber werden wir an der Hand sprachlicher Erwägungen zu entscheiden im Stande sein.

Die Freisinger Urkunden sind von Meichelbeck im Jahre 1724 zum Theil in der ersten und der Hauptmasse nach in der zweiten Abtheilung des ersten Bandes seiner Historia Frisingensis herausgegeben. Genaue chronologische Anordnung wird leider in der Ausgabe vermisst. Nicht selten sind statt der guten Urkunden bei Cozroh die sprachlich völlig werthlosen Abschriften des Chonradus sacrista abgedruckt. Eine nicht geringe Anzahl von genau datierten Schenkungen aus der Zeit der Agilolfinger und Karolinger fehlt bei Meichelbeck. Sie sind bei Hundt in den Abh. d. hist. Cl. d. Bayer. Ac. d. W. Bd. XII, 1 S. 216 ff. und Bd. XIII, 1 S. 9 ff. nachgetragen.

Vor Hundt hat sich Karl Roth durch seine Ausgabe der Urkundenverzeichnisse (Renner) Cozrohs, durch seine Oertlichkeiten des Bisthums Freising und sein Verzeichniss der Freisinger Urkunden speciell um Cozrohs Handschrift verdient gemacht.

In seinen Bayrischen Urkunden aus der Zeit der Agilolfinger (a. a. O. Bd. XII, 1) hat Graf Hundt zum ersten Male alle genau datierten Urkunden aus dem genannten Zeitraum in Regestenform und chronologisch geordnet vorgelegt. Hundts Regesten zeigen, dass eine zusammenhängende Darstellung der Lautentwickelung jener ältesten Zeit nur auf Grund von Cozrohs Handschrift möglich ist. Sie allein bietet genügendes Material und ist zugleich durch ihr Alter geeignet, für die Chronologie der Sprache verwendet zu werden. Wir werden deshalb die Lautentwickelung bei Cozroh chronologisch darstellen und auf Grund dieser Darstellung den Lautwandel in Bayern mit demjenigen, der sich in Franken und Alemannien vollzieht, vergleichen. Dass die Regesten für unsere Zwecke nicht ausreichen, ist klar. Die historisch wichtigen

Namen sind angeführt, die historisch unwichtigen weggelassen, und die Form der Namen ist nicht immer genau widergegeben. Bei Hundt N. 7 findet sich einmal *Ragino,* einmal *Regino,* während thatsächlich beide Male der Name den nicht umgelauteten Vokal aufweist. In N. 8 ist von 13 mansi nur *Agilolf* gegeben. In N. 10 ist das *Toalpah* der Ueberschrift in die Urkunde hereingenommen statt *Toolpach,* das *Toolpahc* zu Ende der Urkunde fehlt. In Nr. 10 fehlen ferner 19 Namen von famuli servientes aut liberi tributales. Zwei davon stehen bei Meichelbeck falsch, nämlich *Mahtrid* und *Hietirat* für *Mahtrih* und *Hiltirat.*

A. a. O. im 13. Bande handelt Hundt über die Urkunden des Bisthums Freising aus der Zeit der Karolinger und gibt werthvolle Nachrichten über Bischöfe, Aebte, kirchliche Würdenträger und Notare jenes Zeitraums. Durch alle bisher erwähnten Arbeiten war für mich die Nothwendigkeit einer Vergleichung der Abdrücke bei Meichelbeck mit den Cozrohschen Urkunden nicht aufgehoben. Ich war im Wesentlichen doch immer auf die Ausgabe von 1724 angewiesen, und auf diese war, so viel Verdienst sie für ihre Zeit hatte und so brauchbar sie in vieler Hinsicht heute noch ist, in lautlicher Beziehung kein Verlass. Hundts Verbesserungen erstrecken sich nur auf einen kleinen Theil der genau datierten Urkunden bis zum Jahre 814.

Auf meine Bitte wurde mir der berühmte Traditionencodex Cozrohs von dem Directorium des königlichen allgemeinen Reichsarchives zu München mehrere Wochen zur Benutzung auf der Erlanger Universitätsbibliothek überlassen, und ich habe dem Leiter der genannten Anstalt für sein liberales Entgegenkommen zu danken.

Ich bin dadurch in der Lage, sämmtliche von mir benutzte Namen direct aus der Handschrift Cozrohs zu geben. Wo meine Lesart von der Meichelbeck's abweicht, füge ich letztere in Klammern bei.

Hundt corrigiert Namen in den Nummern 7, 9, 15, 18, 26, 33, 34, 38, 47, 55, 59, 60, 63, 69, 71, 72, 81, 82, 90, 94, 98, 112, 113, 116, 117, 123, 124, 130, 131, 133, 148, 150, 153, 156, 165, 170. Ein Theil der aufgezählten Urkunden ist nicht völlig durchcorrigiert. Zuweilen ist in derselben Schenkung ein falscher Name verbessert, ein anderer oder mehrere andere nicht, ich konnte deshalb die angeführten Nummern von der Vergleichung nicht ausschliessen. Wo ich anders lese, als Meickelbeck und Hundt, habe ich die Varianten beider in Klammern beigefügt. In den Namen bei Meichelbeck findet sich eine beträchtliche Anzahl von Fehlern. Dieselben sind von verschiedener Art. Manche können einfach als Druckfehler gelten, z. B. wenn *Hietirat* steht für *Hiltirat*, *Perhteos* für *Perhtcos*, *Horrceo* für *Horsceo*. Derartiges hat der Setzer oder der Abschreiber des Manuscripts verschuldet. Unschädlich sind auch Fehler wie *Alpruh* für *Alprüh*, *Balduin* für *Balduni*, *Priminc* für *Pruninc*, unbehaglicher schon *Hrodunc* für *Hroadunc*, *Oadalpaldo* für *Odalpaldo*, *Chunrat* für *Chuanrat* u. a. Schlimm sind Namen wie *Oslant* für *Oatlant*, *Illeodperht* für *Hleoperht*, *Berthart* für *Bertharius*, *Kysalhar* für *Kysalhardus*, *Kupalhardus* für *Kysalhardus*, *Linarc* für *Unarc* u. a., in denen ein Compositionsglied verändert oder unkenntlich gemacht wird. Die schon von Roth und Hundt notierten falchen *ui* habe ich stillschweigend zu *iu* gemacht.

Bis zum Tode Karls des Grossen gebe ich aus Cozrohs Handschrift die Namen der genau datierten Urkunden vollständig. Ein Ueberblick über die Lautentwickelung auch der folgenden Zeit war wünschenswerth. Ich habe deshalb für jedes folgende Jahr bis ans Ende der Handschrift die Namen zweier beliebigen Urkunden aus Cozroh ausgehoben. Die Traditionen laufen fast ununterbrochen fort bis zum Jahr 849, und wir sind so in der Lage, die Entwickelung der Laute, wie sie die baierischen Namen ergeben, nach der ältesten und reichsten Quelle durch ein Jahrhundert zu verfolgen.

In der chronologischen Anordnung konnte ich für die Zeit der Agilolfinger Hundt folgen. Vom Ende dieses Zeitraums an bis 814 habe ich mit Hülfe von Roths Verzeichniss die Urkunden selbst geordnet. Von streng chronologischer Folge ist bei Cozroh keine Rede. Die älteste Urkunde steht bei ihm auf Bl. 18 b, die zweitälteste auf

19 b, die dritte auf 9 a, die vierte auf 13 b, die fünfte auf 10 a, die sechste auf 20 b u. s. w. Chonradus sacrista ist genauer in der Anordnung, aber die Namen bei ihm sind verderbt oder fehlen ganz. Dass auch bei Meichelbeck Unordnung herrscht, ist bereits bemerkt.

Sehen wir kurz, wie sich die genau datierten Urkunden auf die einzelnen Jahre vertheilen.

Aus den Jahren 743, 747, 750, 752, 754, 755 haben wir je eine Urkunde, 757 weist zwei auf, 758 eine, 759 zwei, 760 zwei, 761 und 763 je eine, 765 zwei, 767, 768 und 769 je eine. Die dazwischen liegenden Jahre sind urkundlich nicht repräsentiert.

Es folgt noch der Ausfall der Jahre 770 und 771, dann aber zeigt sich ein im Verhältnis zu der früheren Zeit grosser Reichthum. Für das Jahr 772 stehen nicht weniger als 12 Urkunden zu Gebote, für 773 acht, für 774 zwei, für 775 eine, für 776 sieben. Das Jahr 777 bietet uns zwei, 778 fünf, 779 drei, 780 zwei Urkunden.

Spärlicher fliesst die Quelle im folgenden Jahrzehend. Vertreten sind nur die Jahre 782 mit drei, 784 und 788 mit je einer Urkunde.

790 erscheint wider mit zwei, 791 mit fünf, 792, 793 und 794 mit je zwei Schenkungen. Die Jahre 795 — 797 bieten uns keine, 798 eine, 799 keine, 800 eine, 801 keine Urkunde.

Von 802 — 814 haben wir für jedes Jahr mindestens eine Schenkung, meist viel mehr. 802 ist mit vier, 803 mit zwei, 804 mit elf, 805 mit zwei, 806 mit sechs, 808 mit sechzehn, 809 mit fünf, 810 mit einer, 811 mit sechs, 812 mit einer, 813 mit vier, 814 bis zum Tode Karls des Grossen mit sieben Urkunden vertreten.

Wichtig sind für uns die Schreiber. Die beiden ältesten Urkunden sind von dem Priester Benignus ausgestellt, es folgen die Priester Atto und Alprih (750 und 752). Von 754 760 ist Arbeo, der nachherige Bischof, als Schreiber thätig, einmal (759) auch schon der Diaconus Horskeo, 762 Oadalger, 765 Pern und Sundarherius, letzterer auch 767, 769 die Priester Dominicus und Alpolt, ferner Willahelm und Anno, 770 Heripald, Pern und Oadalger, 771

Alpolt. Im Jahre 772 begegnen Sundarharius (auch Sundarheri) dreimal, Horskeo zweimal, Altman zweimal, Alpolt (Albaldus, Alpalt) dreimal, 773 Horskeo zweimal und Sundarheri dreimal, der letztere auch 774 zweimal, 776 der Kleriker Heripald, Sundarheri zweimal, die Priester Watto und Williperht und zweimal der Abt Atto. Im Jahre 777 schreiben Francho und Sundarheri, 778 der letztere dreimal, 779 die Diaconen Leidraad und Sundarheri und die Priester Alpolt und Pern, 780 Sundarheri, derselbe 782, daneben der Priester Hato und Leidrat, 788 urkundet Snelmot, 790 derselbe und der Kleriker Williperht, 791 die Diaconen Sundarheri, Altman und Williperht und der Subdiacon Tagabertus. Im Jahr 792 finden wir den Diacon Heilrih und den Priester Horskeo als Schreiber, 793 Tagabertus, der zum Diaconus aufgerückt ist, und Horskeo, 794 und 798 Tagabertus. Im Jahre 800 schreibt der Priester Meriolfus, 802 der Notar Bertharius zweimal und Horskeo, 803 Adalperhtus und Tagabertus, 804 der Kleriker Emicho zweimal, Bertharius zweimal, Tagabertus fünfmal und der Notar Heimo einmal. Die beiden Urkunden aus dem Jahre 805 sind von Tagabertus abgefasst, 806 schreiben der Notar Egipald, Starcholfus und Tagabertus, letzterer dreimal. Von den 14 Urkunden des Jahres 807 hat neun Tagabert geschrieben, auf den Notar Egipald, den Kleriker Alpherius und Deodericus kommt je eine, und in zweien fehlt die Angabe des Schreibers. Von den 16 Schenkungen des Jahres 808 hat 15 Tagabert geschrieben, in einer ist der Schreiber nicht notirt. 809 urkundet der Diacon Kerolt einmal, Tagabert viermal, 810 Erchanheri. Vom Jahre 811 bis zum Tode Karls des Grossen ist Tagabert ausschliesslich thätig, in vier von den hierhergehörigen 18 Urkunden ist der Schreiber nicht genannt. 815 finden wir Tagabert oder, wie er sich jetzt schreibt, Tagibert als Priester, er urkundet noch bis in die Mitte der zwanziger Jahre, wird aber zuletzt schon theilweise von Pirhtilo, Undeo und Cozroh abgelöst. Der letztere ist 822 Diacon, 824 Priester und begegnet als Schreiber von Urkunden zuletzt im Jahre 848. *)

---

*) Ueber die Urkundenschreiber aus der Zeit der Agilolfinger und

Die Ausstellungsorte der Urkunden sind namentlich in der späteren Zeit öfters nicht angegeben. Ich gehe die Urkunden in der von mir gegebenen Reihenfolge durch und lasse diejenigen, in denen der Ausstellungsort fehlt, weg. Im Betreff der geographischen Verhältnisse kann ich auf die ausführlichen Register bei Hundt verweisen.

Urk. 1 Frigisinga. 2 Machinga. 3 Deoinga. 4 Ecclesia Sti Zenonis. 5 Toolpahc. 6 Affoltrapah. 7 Forhaah. 8 Frigisingas. 9 ad Isane. 10 Abunsna. 11 in villa Matahcauui. 12 Frigisinga. 14 Frigisinga. 15 in solitudine Scaratie. 16 Frigisinga. 17 Pohloh. 18 Frigisingas. 19 Chrakinachra. 22 Isana. 23 Ecclesia Zenonis. 24 in Bauzono. 25 ad Monte. 26 Holzhusir. 27 Frigisingas. 28 Isana. 29 Pottinauua. 30, 31 Frigisingas. 32a und b Chemperc. 33 ad Radasponensem urbem. 34 in basilica S. Mariae (Frigisinga). 35, 36 Frigisinga. 37 Isna. 38 Tannc. 39 Wirma. 43 in villa Pohhe. 44 Frigisingas. 45 Ehingas. 46 Frigisingas. 47 Eitraba. 48, 49 Frigisingas. 51 ad Monte. 52 Frigisinga. 53 in castro Weles. 59 Frigisinga. 61, 65 Frigisingas. 69 Maganpah. 70 Prisingas. 71 Pernopah. 72 Niwihingas. 74 Frikisinga. 76, 77 Frigisingas. 78 Loriacti. 79 Tegarinwac. 82 Filusa. 83 Isna. 84 Frigisinga. 85, 86 Frigisingas. 87, 88, 90 Frigisinga. 91 Frigisingas. 92 Reganespurc. 94 Frigisinga. 96 Kiltoahinga. 97 Epininga. 98 Tegarinseo. 104 Steinchiricha. 106 Frigisinga. 110 ad Otingas. 113 Frigisinga. 116 ad Caroz monasterium. 117 ad Feringas. 133 in domo S. Mariae (Frigisinga). 147 Slecdorf. 148 Frigisinga. 151 Alamundingas. 154, 155 Frigisinga. 156 in basilica beatae Mariae (Frigisinga). 158, 162, 163 Frigisingas. 166 in basilica beatae Mariae (Frigisinga), 168 in basilica semper virginis Mariae (Frigisinga).

Bevor ich die Namen selbst gebe, möge eine kurze Beschreibung der Handschrift, aus der sie entnommen sind, ihren Platz finden.

Es begegnen zunächst zwei einseitig beschriebene Per-

Karolinger vgl. auch Hundt a. a. O. Bd. XII. und XIII. Es wird dort über die persönlichen Verhältnisse der Schreiber erwünschter Aufschluss gegeben.

gamentstreifen von halber Blattbreite, mit Bleinummern 1 und 2 bezeichnet. Beide sind auf Pergamentpapier aufgeklebt und im Jahre 1429 unter der Regierung des Kaisers Sigismund beschrieben. Die Hand ist vielleicht dieselbe, welche auf der Rückseite von Bl. 400 eine Notiz aus dem Jahre 1434 über Kaiser Sigismund bringt. Es folgt b als erstes ganzes Pergamentblatt der Handschrift. Auf b, 1 ganz oben die Notiz: *iste est sancte Marie sanctique Corbiniani Frisinge*. Bl. b,1 enthält dann die schon erwähnte Urkunde von 824 aus der Zeit des Bischofs Hitto. Auf b,2 (Rückseite von b,1) beginnen die Verzeichnisse. Es sind zunächst 15 Urkunden aus Bischofs Joseph Zeit aufgezählt, vor jeder Urkunde die römische Ziffer mit Dinte. Auf dem letzten Viertel der Seite steht eine offenbar später hier eingefügte Urkunde, die Schrift wird von Zeile zu Zeile kleiner. Die Blätter c und d enthalten ein Verzeichniss der Urkunden von Bischof Arbio, 82 Nummern, vor jeder Urkunde die römische Ziffer mit rother Farbe. Bl. d,2 ist halb leer. Die Vorderseite des folgenden Blattes ist e signirt und unbeschrieben, die Rückseite ist $\frac{1}{e}$ bezeichnet, und auf letzterer und dem nächsten Blatt $\binom{1,1}{b\ c}$ steht eine Urkunde von 758 (Haholt). Auf $\frac{1}{e}$ und 2a noch andere Urkunden von verschiedenen jüngeren Händen. Von Blatt 2 an, eigentlich dem sechsten in der Reihe, tritt dann die gewöhnliche Zählung ein bis ans Ende der Handschrift. Von 2b bis 4a Z. 2 incl. die Praefatio Cozrohs. Blatt 4a von der dritten Zeile an und 4b waren ursprünglich leer, sie sind jetzt ausgefüllt von späteren Eintragungen. Bl. 5a —8b Renner über die Urkunden Attos, 200 Nummern, vor jeder Ueberschrift die römische Ziffer mit rother Dinte.

Bl. 9a beginnen gemäss dem Renner auf b,2 die Urkunden Josephs und laufen bis 24b incl. Von 25a die Urkunden des Bischofs Arbio gemäss dem Renner auf c1, c2, d1, d2, bis Bl. 72a incl. Eine Anzahl der in dem Verzeichniss aufgeführten Urkunden fehlt indessen bei Cozroh, vgl. Roth, Renner S. 7 f. Blatt 72b leer. Von 73a an, dem Renner auf Blatt 5-8 gemäss, die Urkunden Attos bis Bl. 178b. Auf Bl. 179a—184b ohne Ueberschrift der Renner über die Urkunden Hittos, 280 Nummern, vor jeder die römische Ziffer mit schwarzer Dinte. Bl. 185a und b leer, 186a und b von zwei unter sich verschiedenen späteren Händen beschrieben. Von 187a bis 348b die Urkunden Hittos. Darauf ohne einen neuen Renner weitere Urkunden bis Blatt 400. Auf 364a in einer Schenkung des Jahres 848 verzeichnet Cozroh sich selbst zuletzt als Schreiber von Urkunden. Die Handschrift ist nicht von ihm vollendet. Einiges Wenige gehört ins 10. und 11. Jahrhundert. Im Ganzen ist der Codex im neunten Jahrhundert geschrieben, und die Urkunden bis zum Jahre 848 sind sicher von Cozroh selbst eingetragen.

II. Die Urkunden.

1. Trad. Moatberti de Zollinga. 743.

Moatbertus. Totane (*Gen.*) Frigisinga[3]. Ermbertus (Erinbertus *Mchb.*). Petto. Zollinga[6]. Ermberti (Erinberti *Mchb.*). Frigisinga. Oatilonis[9]. Moatberti. Totana. Quartini[12] (*Gen.*). Anulo. Reginoni. Cunoni[15]. Sindo. Maurini. Hroado[18]. Hroaduno. Uurmharti. Reginolf[21]. Reginpaldi. Cundpaldo. Cympho[24]. Chimmi. Birtilo. Ato[27]. Oatilone.
Cozroh 18b. Meichelb. I, 1, 44. Roth Renner I, 45. Hundt 2.

2. Trad. Amilonis de Wolfperhteshusun. 747.

Amilo. Wolfperht. Wolfperhteshusir[3]. Frigisinga. Oatiloni. Machinga[6]. Oatiloni. Amilonis. Rathari[9]. Uuattini. Liutprandi. Hrodeo[12]. Fridaberti. Reginhcri. Hroadolti[15]. Fridrih. Arbeo. Cundhari[18]. Cozrati. Goatfridi.
Cozroh 19b. Mchb. I, 1, 48. Hundt 3.

3. Trad. Tassiloni ducis de Erichinga seu aliorum fidelium quorum nomina Regino, Alfrid, Anulo, Uuetti, Uurmhart. 750.

Frigisinga. Erichinga. ad Feringas[3]. Alfrid. Fagana (*genealogia*). Ragino[6]. Anulo. Uuetti. Uurmhart[9]. Erichiga (Erichinga *Mchb.*). Raginonis. Oadalhart[12]. Aliuuic. Tatonis. Chuniperhti[15]. (Chuniperthti *Mchb.*). Puni (*Gen.*). Hrodhardi. Pettonis[18]. Odalfret (Odalfridi *Mchb.*). Reginperti. Einhardi[21]. Deoinga. Atto.
Cozr. 9a. Mchb. I, 1, 49. Hundt 7.

4. Trad. Chuniperhti de Painga. 752.

Chuniberht (Chuniberth *Mchb.*). Adalperht. Isana[3] Paingas. Pollo. Mahthilt[6]. Eparhelm. Oadalheid. Frocnolf[9]. Liupkis (Zliupkis *Mchb.*). Lantuni. Agilolf[12]. Waoheri.

Hartinc. Horskolf¹⁵. Otheri. Liuphaid. Chuniperhti¹⁸. Sigiperht. Hulzilo. Virecudi*²¹. Sladio. Erlohc. Irminhart²⁴. Balduni (Balduin *Mchb.*). Deotrici. Timuni²⁷. Haholti. Hailrat (Hailat *Mchb.*). Alprih³⁰.
Cozr. 13b. Mchb. I, 1, 50. Hundt 8.
5. Trad. Timonis de Toalpah. 754.
Timo. Suarzolh. Toolpach³. Timo. Frigisinga. Timonis⁶. Arbionis. Wolfmar. Rihuni⁹. Hununc. Madalhart. Matto¹². Milo. Epo. Mahhel¹⁵. Alpolt. Liutperht (Luitpreth *Mchb.*). Utto¹⁸. Perhtcoz (Perhteoz *Mchb.*). Zeizilo. Fater²¹. Immo. Oadalfrid. Ernust²⁴. Reginhoh. Polo. Trogo²⁷. Zello. Adalfrao. Meginheri³⁰. Hilpico. Matto. Adalfrid³³. Deothelm. Manno. Wahhilo³⁶. Cunzo. Wolfolt. Liuthad³⁹. Mahtrih (Mahtrid *Mchb.*). Lupo. Hiltirat⁴² (Hietirad *Mchb.*). Adalman. Nahthram. Zeizo⁴⁵. Ratkis. Othelm. Otcoh⁴⁸. Timo. Arbeo. Toolpaho⁵¹.
Cozr. 10a. Mchb. I, 1, 52. Hundt 10 (vgl. die Anm.).
6. Trad. Starcholfi de Apholtrapah. 755.
Affoltrapah. Timo. Frigisinga³. Starcholf. Poasinpah. Waldcoz⁶. Crintilapah. Rotinswipar. Phetarahha⁹. Isura. Wolfmar. Rihhuni¹². Utto. Alpolt. Neuo¹⁵. Poso. Raginhart. Sigiheri¹⁸. Haduperht. Alpriih (Alpruh *Mchb.*). Cauuipald²¹. Alpheri. Ratolh. Affoltrapah²⁴. Arbio.
Cozr. 20b. Mchb. I, 1, 53. Hundt 12.
7. Trad. Eparhari prbt. 757.
Eparheri (Eperheri *Mchb.*). Chunihari. Adalfrid³. Frigisinga. Arbio. Arbeo⁶. Eparhari (Eperhari *Mchb.*) Erchanperht (Erchanperth *Mchb.*). Albuni⁹. Sigifrid. Adalfrid. Fridhari¹². Adalfrid. Walheri (*sic*, Waldheri *Hundt*). Helmrih¹⁵. Carthari. Helmker. Fridurih¹⁸. Chunihari (Chumhari *Mchb.*). Forhaah (villa). Arbeo²¹.
Cozr. 12b. Mchb. I, 1, 53. Hundt 13.
8. Trad. Deotrihi de Teoruneshusun. 757.
Thedericus. Teoruneshusir. Ermberto³. Frigisinga. Fri-

---

*) *Hinter* Virecudi *hat* Cozroh *crerīc. Dies ist offenbar verschrieben für* clerīc (clerici). *An einen Namen* Crerinc, *wie Hundt ihn an dieser Stelle bietet, ist nicht zu denken.*

gisingas. Deotrich [6] (Deotrih Mchb.). Arbeo. Albuni. Hununc [9]. Waltrih. Aurillan. Cundpald [12]. Droant. Purso Arbeo [15]. Baiowariorum.

Cozr. 21b. Mchb. I, 2, 26 N. 5. Hundt 14.

9. Trad. Haholti et filii ejus Arnoni. 758.

Haholt. in Baiowaria provincia. Arnonis [3]. Poatilinpah. Haholt. Arnoni [6]. Arn (Arnad Mchb., Arn ad Cozr.). Frigisingas. Isanae [9]. Haholt. Arnone. Arnonis [12]. ad Frigisingas. ad Frigisinga. ad Isane [15]. Heilrat. Eio. Ratolt [18] (Katolt Mchb.). Oato. Podalunc. Eodunc [21]. Uurmheri. Helmperht. Cauuo [24]. Eonolt. Uuolfheri (Uuolfhert Mchb.). Willahelm [27]. Cotehelm. Timo. Haholti [30]. Arnonis.

Cozr. 4b. Mchb. I, 1, 58. Roth Renner I, 35. Hundt 15.

10. Trad. Adalunc et Hununc de Abunsna. 759.

Adalunc. Abunsna. Hununc [3]. Frigisinga. Arbeo. Liutprant [6]. Waltrih. Orilan. Hununc [9]. Frigisingas. Popo. Reginolf [12]. Adalker. Liutprant. Pern [15]. Reginpald. Angilperht. Adalperht [18]. Helmporht. Horskeo.

Cozr. 56a. Mchb. I, 2, 28 N. 7. Hundt 16.

11. Trad. Cauuonis. 759.

Hamminc. Hatto. Cauuonis [3]. Frigisingas. Isura. Cauuoni [6]. Arbeo. Uualtrih. Aurilianus [9]. Perhtolt. Cauuo. Deotker [12]. Irminhart. Reginolf. Heriperht [15]. Folrih (sic). Fater. Wichart [18]. Kysalhart. Ambricho. Wichram [21]. Hazzo. Haero. Reginperti [24]. Nordperhti. Alawichi. Kerolti [27]. in villa Matahcauui. Arbeo. Cauuonis [30].

Cozr. 15b. Mchb. I, 2, 26 N. 4. Hundt 18.

12. Trad. Chuniperhti de Pohe. 760.

Chunipertus. Carthari. Poch [3]. Frigisingas. Tactara. Liupo [6]. Chuniperhti. Mannoni. Zottoni [9]. Arbionis. Waltrih (Waltrich Mchb.). Haimilonis [12]. Otonis. Raginoni. Cundpaldi [15]. Adalperht. Isini. Raginhari [18]. Anagrim. Lantfrid. Frigisinga [21]. Arbio. Baioariorum.

Cozr. 22a. Mchb. I, 2, 27 N. 6. Hundt 19.

13. Trad. Fridaperhti clerici de Eparaha. 760.

Friduperht (Fridaperht Mchb.). Eparaha. Frigisinga [3]. Chunihoh. Oadalhart (Oadahart Mchb.). Cundhart [6]. Altumar. Wolvolt. Urso [9]. Alprih. Deotpcrht. Purcman [12]. Sigur. Puapo. Ellant [15]. Frecholf. Helmperht. Cauuo [18]. Baioariorum.

Cozr. 14b. Mchb. I, 2, 29 N. 9. Hundt 20.

14. Trad. Wettini de Hroadolvinga. 762.

Wetti. Anulo. Hrodolvinga³. Frigisingas. Wettini (*Gen.*) Chuniperhti⁶. Isi. Haimperht. Hatonis⁹. (Hattonis *Mchb.*). Agilperhti. Waltilonis. David¹². Cundhari. Habichonis. Irminfrid¹⁵. Arbionis. Frigisinga. Oadalger¹⁸.
Cozr. 11b. Mchb. I, 2, 29 N. 8. Hundt 22.

15. Quomodo Reginperht ecclesiam condidit in Scaranziae. 763.

Reginperto (Reginperhto *Mchb.*). Irminfrido. Ackilinda³. Otiloni. Crosoni. Pollinga⁶. Flurininga. Humiste. Slehdorf⁹. (Schlehdorf *Mchb.*). Hofahaim (Hofaheim *Mchb.*). Sindolvesdorf. Kisingas¹². Pasingas. Grefolvinga. in pago Rotahgauuue¹⁵. Curtana. Walhogoi (*pagus desertus*). Isura¹⁸. Frigisinga. Ackilind. Irminfrid²¹. Otilo. Otilone. Scaraza²⁴. Cros. ab Keparohe comite. in loco Pahhara²⁷. in solitudine Scaratie (Scaranziae *Mchb.*, Scarazie *Hundt*). Arbionis. Arbeo³⁰. Riholf. Hato. Erchanfrid³³. Irminfrid. Otilo. Kermunt³⁶. Lantpald. Adalperht. Situli³⁹. Liutolt. Leidrat. Chuniperht⁴². Reginpald. Cundpald. Arbeo⁴⁵.

Cozr. 133a. Mchb. I, 2, 31 N. 12. M. B. IX, 7. Hundt 23. Zahn, Fontes rer. Austr. XXXI, 1.

16. Trad. Poaponi de Wihse vel ad Holze. 765.

Poapo. ad Frigisingun (Frisingun *Mchb.*). Poapo³. ad Wihse. ad Holze. Arn⁶. Orilan. Ratolt. Liutfrid⁹*. Heimilo. Hununc. Selprat¹². Alprat. Mezzi. Waldker¹⁵ (Waldkeer *Mchb.*). Hringrim. Alphart. Egilolf¹⁸. Perhtolf. Chuno. Angilperht²¹. Pern. Arbeo. Hartrih²⁴. ad Frigisinga (Frisinga *Mchb.*). Pern.

Cozr. 23a. Mchb. I, 2, 32 N. 13. Hundt 25.

17. Trad. Hroadheri de Swindaha vel Pohloh seu Anonis de Prisinga. 765.

Hrodheri. Sicco. Swindaha³. Pohloh. Waltnia (Waltina *Mchb.*). Heripald⁶. Frigisingas (Frisingas *Mchb.*). Pohloh. Alpolt⁹. Ratolt. Heimilo. Arn¹². Rihpald. Hulzilo. Heimperht¹⁵. Uurmheri. Aeio. Heilrat¹⁸. Hramperht. Arbeo. Sundarherius²¹.

---

* 9—12 incl. fehlen bei *Mchb.*

Cozr. 66a. Mchb. I, 2, 32 N. 14. Hundt 26.
18. *Ueberschrift fehlt bei Cozr. (vgl. N. 17).* 767.
Ano. Prisingas (*pagus*). Frigisingas³. Ratolt. Tarchnat (Tarchinat *Mchb.*). Pern⁶. Pald. Horskeo. Arn⁹. Reginolt. Liutfrid. Rihpald¹². Chuno. Mezzi. Reginpald¹⁵. Sullo. Popo. Situli¹⁸. Hramperht. Sundarheri.
Cozr. 67a. Mchb. I, 2, 33 N. 16. Hundt 28.
19. Trad. Undconis et Cundharti. 768.
Undone. Cundharto Chrakinachra³. Arbioni. Cundharti. Arbioni⁶. Attonis. Kernodi. Reginperhti⁹.
Cozr. 38a. Mchb. I, 2, 35 N. 17. Hundt 29.
20. Trad. Uurmharti (Wurmharti *Mchb.*). 769.
Uurmhart. ad Rota. Atti³. Adalcoz. Odalmunt. Isanhart⁶.
Cozr. 33a. Mchb. I, 2, 35 N. 18. Hundt 31.
21. Trad. Sikifridi de Eparmunteshusir. 769.
Sigifrid. Erchanfrid. Frigisingas³ (Frisingas *Mchb.*). Eparmuntes husir. Arpio. Ratolt⁶. Arn. Pern. Hununc⁹. Reginpald. Hato. Chuno¹². Angilperht. Arpeo. Hrodker¹⁵. Pern. Hartrih. Eginolf¹⁸. Perhtolf. Sikifridi.
Cozr. 48b. Mchb. I, 2, 41 N. 24. Hundt 32.
22. Trad. Adalperhti prbi de Dahininga. 769.
Adalperht. Dahninga (Dahininga *Mchb.*). Frigisinga³. Arbeo. Arbionis. Hununc⁶. Heimilo. Wolfperht. Alpolt⁹. Wicrat. Wolfperht. Hramperht¹². Eodunc. Paturihc (Paturihe *Mchb.*). Isana¹⁵. Alpolt. Arbionis.
Cozr. 64a. Mchb. I, 2, 42 N. 25. Hundt 33.
23. Trad. Willahelmi prbi de Poatilinpah. 769.
Willahelm. Poatilinpah. Gaio³. ad Isna. Arbione. Arbeo⁶. Hunger. Urso. Angilpald⁹. Alpolt. Arn. Pern¹². Hulzilo. Arperht. Cartheri¹⁵. Alprih. Willahelm.
Cozr. 54b. Mchb. I, 2, 36 N. 20. Hundt 34.
24. Trad. de campo Gelau, quod dicitur India. 769.
Baiouarorum. Baiouarorum. India³ quod vulgus campo Gelau vocantur (*sic*). Attoni. Tesido (*ricus*)⁶. Anarasi (*montis*). Attoni. in Bauzono⁹. Alizzeo. Reginwolf. Cundheri¹².* Drudmunt (Drutmunt *Mchb.*). Pillunc. Oatachar¹⁵ (Oatochar *Mchb.*). Illiodro. Crimperht. Papo¹⁸. Hariperaht. Kislolt. Jubeano²¹. Alim. Anno.

Cozr. 73a. Mchb. I, 2, 38 N. 22. Hundt 35. Zahn, Fontes rer. Austr. XXXI, 3.

25. Trad. Kepahilta de loco Germania in monte. 770.

Kepahilt. Cundpatone (*Abl.*). Germana[3] vel ad monte. Cozpaldum. Prunicum. Alpriih[6] (Alpruh *Mchb.*). Frigisingas (Frisingas *Mchb.*). Ursus. Cundpato[9]. Ratolt. Ursus. Heimilo[12]. Arn. Chunihoch. Adalperht[15]. Teto. Hramperht. Hroadperht[18]. Heripald.

Cozr. 63a. Mchb. I, 2, 37 N. 21. Hundt 36.

26. Trad. Pegiri de Holzhusir. 770.

Peigiri. Holzhusir. Odalperhti[3] (Oadalperhti *Mchb.*). Puzzii. Tenno. Tagapaldum[6]. Sasca. Paldwiha. Misa[9]. Cozzo. Frigisingas (Frisingas *Mchb.*). Holzhusir[12]. Eodunc. Oatlant (Oslant *Mchb.*). Oadalhart[15]. Lantfrid. Turo. Sauulo[18]. Rekinperht. Immo. Herirat[21]. Arn. Rekinolt. Rihperht[24]. Pern.

Cozr. 26b. Mchb. I, 2, 36 N. 19. Hundt 37.

27. Trad. Oadalkeri prbi de loco Poah et de ripa fluminis Clana. 770.

Oadalgaer. Cello. Arbionis[3]. Frigisingas (Frisingas *Mchb.*). Poh. Clanis[6]. Frigisingas. Alim. Waltrih[9]. Ratolt. Hununc. Reginolf[12]. Engilpald. Horskeo. Arn[15]. Reginolt. Pern. Cundhari[18]. Mazii (Mazzii *Mchb.*). Salucho. Haimo[21]. Acgeo. Oadalger. Cello[24]. Wisurih. Chunihart (Chunihard *Mchb.*). Chunihoh[27].

Cozr. 31b. Mchb. I, 1, 68. Hundt 33.

28. Trad. Uurmharti de Rota. 771.

Uurmhart. Rote (*fluminis*). in villa Isana[3]. Oadalker. Reginperht. Cundhart[6]. Heimperht. Toto. Alpolt[9].

Cozr. 37a. Fehlt bei Mchb. Hundt 40, vgl. Anh. II, 2. Roth Oertlichk. 37.

29. Trad. Ramuolfi ad Feohte. 772.

Ramuolf. Heripaldus. Frigisingas[3] (Frisingas *Mchb.*). Feoht (*locus*). Pottinauua. ad Perge[6]. Pottinauua. Arbeonis. Ratolt[9]. Einhart. Arn. Salucho[12]. Poapo. Nordman. Tutan[15]. Swarzolch. Regincoz. Sundarharius[18].

Cozr. 166b. Mchb. I, 2, 49 N. 36. Hundt 43.

30. Trad. Sigiperhti Chreidorf. 772.

Sigiperht. Chreidorf. Isna[3]. Frigisingas (Frisingas

Mchb.). Ratolt. Tarchanat⁶. Pern. Arn. David⁹. Liutfrid Frigisingas (Frisingas *Mchb.*). Horskeo¹².

Cozr. 70a. Mchb. I, 2, 49 N. 35. Hundt 45.

31. Trad. Albuniae ancillae dei de Pettinpah. 772.

Alpun. Pettinpah. Karolonis³ (*filii*). Erchanfridi. Deotrata. Karoloni⁶. Frigisingas (Frisingas *Mchb.*). Karolus. Rihpald⁹. Helias. Liutfrid. Popo¹².

Cozr. 44a. Mchb. I, 2, 46 N. 30. Hundt 46.

32a*. Renovatio traditionis, quam fecerunt Anulo et Oadalkaer. 772.

Boioariorum. Atto. Anulo³. Oadalker. Chemperc. Reginpertus⁶. Baioariae. Chemperc. Arbeo⁹. Lantfrid. Chunihart. Tatto¹². Cundheri. Arn. Ratolt¹⁵. Altman. Attonis Arbionis¹⁸.

Cozr. 135b. Mchb. I, 1, 75. M. B. IX, 10. Hundt 47.

32b. Trad. Attonis abbatis de Cheanperc. 772.

Atto. Oadalker. Anulo³. Chemperc. Baiowariorum. Arbeo⁶. Taatto. Lantfrid. Chunihart⁹. Cundheri. Arn. Ratolt¹². Altman. Attonis.

Cozr. 160a. Mchb.? Hundt 48.

33. Trad. Rihperhti de Ilmina et Heiminhusir et Perhah et Furihulze seu et Kysinpah. 772.

Adalswind. Ilmina. Hemminhusir³. Perhah. Furibulci. Kisinpah⁶. Rihperht. Frigisingas (Frisingas *Mchb.*). Radasponensem⁹ (*urbem*). Emmerammi. Arbeo. Otpald¹². Imo. Hiltiker. Ratolt¹⁵. Liutfrid. Arn. Kisalolt¹⁸. Pupo. Popo. Hunperht²¹. Arbionis. Ratolt. Horsceo²⁴ (Horrceo *Mchb.*). Pern. Sullo. Hitto²⁷. Graman. Waninc. Papo³⁰.

Cozr. 28a. Mchb. I, 2, 44 N. 28. Hundt 49, 50.

34. Trad. Wolfperhti prbi de Altunhusir. 772.

Wolfperht. Erchanperht. Altunhusir³. Rathilta. Frigisingas (Frisingas *Mchb.*). Arbionis⁶. Waltrih. Hununc. Parceol⁹. Ratolt. Pald (Pold *Mchb.*). Heimilo¹². Pern. Cundheri. Arn¹⁵. Liutfrid. Chuno. Sullo¹⁸. Petto. Rihpald. Sigifrid²¹. Reginperht. Horskeo. Arbionis²⁴.

* Die Schenkung 32a ist dieselbe wie 32b. Sie ist bei Cozroh zwei Mal, auf Bl 135b und 160a, eingetragen. Die Ueberschriften sind, wie man sieht, verschieden. Hundt hat unter 48 nur die Notiz: *Eadem traditio verbis adauctis.*

Cozr. 52a. Mchb. I, 2, 47 N. 32. Hundt 51.
35, Trad. Helzuni de Zidalpach. 772.
Helzuni. Oadalhilt. Silvester[a]. Hiltimariae. Frigisingas (Frisinga Mchb.). Arbeonis[6]. Zidalpach. Helzuni. Frisingas[9]. Helzuni. Silvester. Oadalhilt[12].[1] Hiltimari. Frigisingas. Megilo[15]. Salomon. David. Einhart[13]. Edilo. Alprat. Selprat[21]. Wisurih. Onilo. Cunzo[24]. Perhtolf. Poapo. Deotpald[27]. Adalunc. Alpolt.

Cozr. 71a. Mchb. I, 2, 47 N. 31. Hundt 52.
36. Trad. Hiltipranti de Truhtharingun. 772.
* Hiltiprant. Truhtheringa (Truchtheringa Mchb.). Cotefrid[3]. Boioariorum. Frigisingas (Frisingas Mchb.). Arbione[6]. Cundheri. Ratolt. Pern[9]. Pald. Horskeo. Hemilo[12] (sic). Arn. Reginolt. Liutfrid[15]. Chuno. Sullo. Popo[16]. Situli. Frigisingas (Frisingas Mchb.). Sundarheri[21]. Arbionis.

Cozr. 25b. Mchb. I, 2, 43 N. 27. Hundt 53.
37. Trad. Ortlaipi de Helphindorf. 772.
Heimrammus (Martyr). Ermberto. Ortlaip[3]. Hrodharti. Emmerammi. Helphimdorf[6] (Helphindorf Mchb.). Arbionis. Frigisingas (Frisingas Mchb.). Hrodhart[9]. Reginperht. Waltrih. Hununc[12]. Suapilo. Ratolt. Toto[15]. Popo. Graman (Granan Mchb.). Adalperht[18]. Ratolt. Scrot. Telo[21]. Isna (villa). Albaldus.

Cozr. 25a. Mchb. I, 2, 43 N. 26. Hundt 54.
38. Trad. Sindiloni clerici. 772.
Sindilo. cum ava Pettane. Hiltidrude[3] (Hiltitrude Mchb.). Wenilone. Hroadperht. Sindilinhusir[6] (Sindilhusir Mchb.). Frigisingae (Frisingae Mchb.). Arbionis. Asperhto[9]. Teto. Oto. Othelm[12]. Heripald. Otperht. Reginperht[15]. Perhtcoz. Adalperht. Kerhart[18]. Arn. Reginolt. Tanno[21] (locus). Sundarheri.

Cozr. 68b. Mchb. I, 2, 48 N. 34. Hundt 56.
39. Trad. Muniperhti et Adalnia de flumine Wirma. 772.
Muniperht. Adalnia. Wirma[3] (flumen). Adalniae. Frigisingas. Arbionis[6]. Ratolt. Epo. Erchanperht[9]. Hato. Deotpald. Situli[12]. Adalperht. Fridurih. Paturih[15]. Nordperht. Wirma (villa). Alpalt[18]. Arbionis.

Cozr. 62a. Mchb. I, 2, 48 N. 33. Hundt 57.

40. Trad. Hroadunc et Adalunc de Premareini. 773.
Adalunc. Hrodunc (Hroadunc *Mchb.*). Frigisinga [3] (Frisinga *Mchb.*). Premareini (*locus*). Ratolt. Pern [6]. Adalhoh.
Tiso. David [9]. Francho. Heripald. Arn [12]. Horskeo.
Cozr. 49b. Mchb. I, 2, 52 N. 41. Hundt 60.
41. Trad. Heripaldi prbi de Drudperhteshusir. 773.
Heripald. Lantpaldo. Drudperhteshusir [3]. Frigisingas (Frisingas *Mchb.*). Ratolt. Reginperht [6]. Heimilo. Liutfrid. David [9]. Mahtheri. Reginperht. Onhart [12].
Cozr. 67b. Mchb. I, 2, 54 N. 44. Hundt 61.
42. Trad. Cundharti et fratris sui n. Lantfrid (Lantfridi *Mchb.*). 773.
Cundhart. Rota (*flumen*). Lantfrid [5]. Cundharti. Rote. Rota [6] (*locus*). Lantfrid. Cundharti. Offoni [9].
Cozr. 17b. Mchb. I, 2, 50 N. 37. Hundt 62.
43. Renovatio Chuniperhti de Pohhi. 773.
Chuniperht. Frigisingas (Frisingas *Mchb.*) Pohhi [3] (*villa*). Deotuni. Sindhilt. Ratolf [6]. Rihpald. Tagapald. Kisal [9] (*conjux*). Erpfolt, Ihho (*filii*). Oadalpald [12] *cum conjuge* Rihhaid. Winguhaid. Ellanrat [15]. Wolfheri. Wolfdregi. Adsonia [18]. Ummo. Cundpiriga. Popo [21]. Petto. Liuprat· Cunnia [24]. Waltrato. Roodrato.. Sindicho [27]. Perhtnia. Rood. linde. Adalrat [30] *cum conjuge* Wolfwihae *et sobole* Frouuimot (Fruimot. *Mchb.*). Tuti [33]. Emgunde. Poso. Parccol [36]. Wicraat. Popo. Hato [39]. Arpeo. Paatto. Aaron [42]. Reginperht. *in villa* Pohhe. Horskeo [45]. Chuniperhti.
Cozr. 58b. Mchb. I, 2, 53 N. 43. Hundt 65.
44. Trad. Helmuni de Prama. 773.
Helmuni. Prama (*locus*). Irminswinde [6] (*Dat.*) Hrodheri. Liutrat. Frigisingas [6]. Helmuni. Irminswinde. Sunihinga [9] (*locus*). ad Petera. Frigisingas (*Mchb.* Frisingas). *
Cozr. 41a. Mchb. I, 2, 50 Nr. 38. Hundt 66.
45. Trad. Cunzonis de Phetraha. 773.
Cunzo. Phetaraha (Phetraha *Mchb.*). Neuo [3]. Otolf. Paldrih. Hroadheri [6] (Hhroadheri *Mchb.*). Ratolt. Ekkahart. Heimilo [9]. Hununc. Arn. Cundhart [12]. Tito. Pupo (Papo

---

*) *Zeugen fehlen bei Cozroh.*

Mchb.). Cundolf[15]. Marcheo. Piligrim. in villa Ehingas[18]. Sundarheri.

Cozr. 42 b. Mchb. I, 2, 51 N. 39. Hundt 67.

46. Trad. Raholfi prbi de Osinwanc. 773.

Raholf. Osinwanc (*locus*). Frigisingas[3] (Frisingas *Mchb.*). Frigisingas (Frisingas *Mchb.*). Baioariorum. Wolfperht[6]. Magolf. Horskeo. Arn[9]. Liutfrid. Chuno. Sullo[12]. Petto. Hitto. Ratolt[15]. Arbeo. Wolfleoz. Wicrat[18]. Sundarheri.

Cozr. 52 b. Mchb. I, 2, 53 N. 42. Hundt 68.

47. Trad. Hunperhti de loco Sweinpah. 773.

Hunperht. Sweinpah. Otilone[3]. Hiltdrudae (Hiltrudae *Mchb.*). Eitraha (*villa*). Machelm[6]. Helmuni. Rihperht. Reginolf[9] (Reginolt *Mchb.*). Craman (Crocman *Mchb.*). Heimperht. Magolf[12]. Ratolt. Pern. Arn[15]. Adalger. Hartnid. Cundpald[18]. Helmuni. Sundarheri.

Cozr. 47 a. Mchb. I, 2, 52 N. 40. Hundt 70.

48. Trad. Onolfi. 774.

Onolfus. Keparohun (*filium*). *cum filio* Hrodino[3]. Toti. Alpswinde (*Dat.*). *ab genitore* Keparoho[6]. Roraga Mussea. Frigisingas (Frisingas *Mchb.*). Hrodini[9]. Roraga Mussea. *locus quae dicitur* Clane[12]. Ahaloh (*locus*). Arbeo. Waltrih[15]. Ratolt Reginperht. Meioran[18]. Hununc. Pern. Pald[21]. Horskeo. Oto. Epo[21]. Arn. Reginolt. Liutfrid[27]. Rihpald. Chuno. Popo[30]. Sullo. Hato. Hitto[33]. Hramperht. Frigisingas (Frisingas *Mchb.*). Sundarheri[36].

Cozr. 35 b. Mchb. I, 2, 45 N. 29. Hundt 72.

49. Trad. Ratpoti de Mosaha seu de Clana. 774.

Ratpot. Crimuni. Frigisingas[3]. ad Mosaha amnc. Clana. Aermunto[6] (*famulo*). Wicpatone. Frigisingas. Ratolt[9]. Otpald. Epo. Sepi[12]. Immo. Rihpald. Arn[15]. Pern. Liutfrid. Pernum[18]. Hramperht. Sigolt. Hrodker[21]. Sundarheri.

Cozr. 51 a. Fehlt bei Mchb. Hundt 73, vgl. Anh. II, 3. Roth Oertlichk. Nr. 58.

50. Trad. Tarchanati prbri. 775.

Tarchnat. Swindaha. Frigisingas[3] (Frisingas Mchb.), Arn. Heimperht.

Cozr. 34 b. Mchb. I, 2, 56 N. 48. Hundt 76.

51. Trad. Waninc de monte vel de Rehcpahc 776.
Waninc. Utto. ad Monte[3]. Rechpach. Frigisinga. Wicpot[6]. Erlapald. Hunolt. Erlapald[9]. Wicpot. Hunolt. Altuperht[12]. Erpho. Adalger. Epo[15]. Perhtcoz. Fritilo. Paturich[18]. Wicrat. Heripald.
Cozr. 65 a. Fehlt bei Mchb. Hundt 79, vgl. Anh. II. 5. Roth Oertlichk. 84.

52. Trad. Wagonis et Scroti ad Isna et ad Tegrinpah seu et Phetarah et ad Silva in loco. 776.
Baioariorum. Scrot. Totonis[3]. Arpionis. Frigisingas (Frisingas *Mchb.*). Isna[6]. Tegrinpah. Phetaracho. Liutheri[9]. Pammo. ad Silva. Deotmar[12]. Raatolt. Arn. Pern[15]. Hununc. Rihpald. Droant[18]. Cundhart. Ratolt. Hiltiprant[21]. Anulo. Rihheri. Waltperht[24]. Wago. Frigisinga (Frisinga *Mchb.*). Sundarheri[27].
Cozr. 29 a. Mchb. I, 2, 57 Nr. 50. Hundt 81.

53. Trad. Waltrih de Hohinperc. 776.
Waltrih. Hohinperc. Frigisingas[3] (Frisingas *Mchb.*). Arn. Ratolt. Hununc.[6]. Pern. Deodolt. Helmuni[9]. Chunihoh. Illudiwic. Sundarheri[12].
Cozr. 60 b. Mchb. I, 2, 58 N. 52. Hundt 82.

54. Trad. Machelmi de Polasinga. 776.
Machelmus. Oatilo. Polasingas[3]. Frigisingas (Frisingas). Weles *(castrum)*. Polasingas[6]. Wolfpald. Deotleip. Deotlcih[9]. Pirhtilo. Wolfhram. Peiarin[12]. Sigolt. Pezzira. Reginperht[15]. Megilo. Salomon. David[18]. Einhart. Heripald. Farit[21]. Popilo. Cotedeo. Amo[24]. Watto. Machelmo.
Cozr. 55a. Mchb. I, 2, 57 N. 51. Hundt 83. Zahn. Fontes rer. Austr. XXXI, 5.

55. Trad. Isanharti ad Horscaningun et ad Holzhusun vel ad Erilingun. 776.
Isanhart. ad Horscaninga. ad Holzhusum[3]. ad Reistingun. in Erelingun (Erelingam *Mchb.*). Arfrid[6]. Baiowariorum. Isanhart. Reginhart[9]. Deotpald. Kerwolf. Kaganhart[12]. Nendinc. Otti. Atto[15].
Cozr. 161 b. Mchb. I, 2, 65 N. 66. Hundt 84. M. B. IX, 13.

56. Trad. Reginharti ad Durfingeshusun et ad Reistingun. 776.

.Reginhart. Isanharti. ad Durfingeshusun [3]. ad Reistin-. gun. Baiowariorum. Reginhart [6]. Lantfrid. Deotpald. Kerwolf [9]. Kaganhart. Nendinc. Otti [12]. Williperht. Attone. Cozr. 162a. Mchb. I, 2, 65 N. 67. Hundt 85. M. B. IX, 13.

57. Trad. Hroadinges et Nendinges in Fisca. 776.

Hroadinc. Nendinc. Fiska [3]. Attonem. Isanhardum. Baiowariorum [6]. Ellannod. Kaganhart. ad Fiskeon [9]. Attonis Reginberti. Isanhart [12]. Reginhart. Deotpald. Arahad [15]. Hcio. Reginhart. Irminheri [18]. Mahtuni. Hahart. Kerolf [21]. Kaganhart. Otti. Arfrid [24]. Adalperht. Lantfrid. Atto [27]. Cozr. 163a. Fehlt bei Mchb. Hundt 86, vgl. Anh. II N. 6. Roth Oertlichk. 285.

58. Trad. Mekilonis de Dornegindorf. 777.

Mekilo. Dornakindorf. David [3]. Heripald. Alpuni. Otperht. Alholf. Hacuno [9]. Herolf. Heripald. Wolfpero [12] (Wolfperto Mchb.). Hrodunc. Otker. Asprant [15]. Podolunc. Francho [18].

Cozr. 43a. Mchb. I, 2, 59 N. 55. Hundt 92.

59. Trad. Totonis. 777.

Frigisinga (Frisinga Mchb.). Totonem. Cundharto [3]. Hacco (Hatto Mchb.). Ratolto (Racolco Mchb.). Kepuni [6]. Wolficihi (Gen., Wolflei Mchb.). ad Holze. ad Isna [9] (Isana Mchb.). Scrot. Wagonem. Ospurga [12]. Totonem. Arbeo (Arbo Mchb.). Oadalhart [15] (Oadelhart Mchb.). Cundpald. Salucho. Hartniid [18]. Droant. Helmuni. Craman [21]. Fricho. Riholf. Chuniperht [24]. Adalo. Tattone (Tatone Mchb.). Ratolto [27] (Ratoldo Mchb.). Arno (Arnone Mchb.). Sundarheri.

Cozr. 39b. Mchb. I, 2, 59 N. 54. Hundt 93.

60. Trad. Adalgarti et Oadalkeri de Sceftilare. 778.

Adalgarti. Odalgeri. in loco Scaftilare [3]. Waltrih. Liutfridi. Frigisingas [6]. Waltrih. Liutfrid. Hununc [9]. Atto. Helmker. Madalger [12]. Erchnolf (Erchinolf Mchb.). Starcholf. Urso [15]. Waldmann. Sundarheri.

Cozr. 53b. Mchb. I, 1, 78. Hundt 96.

61. Trad. Reginhoh seu Heriolti de Hroadolveshusir vel Stenesdorf. 778.

Reginhoh. Heriolti (Hertolti *Mchb.*). Lantrata[3]. Hrodolveshusir. Steinesdorf. Frigisingas[6] (Frisingas *Mchb.*). Frigisingas (Frisingas *Mchb.*). Heimilo. Pern[9]. Cunzi. Rihpald. Arn[12]. Liutfrid. Sundarheri. Arbionis[15]. Cozr. 46b. Mchb. I, 2, 60 N. 57. Hundt 97.

62. Trad. Husina et Irminpaldi de Pohlohe et Pipurge. 778.

Frigisinga. ad Pohloh. Husina[3]. Irminpald. ad Pipurc. Rihheri[6]. Wolfhart. Waldman. Adalfrid[9]. Cozperht. Fritilo (Frittilo *Mchb.*). Kepahoh[12]. Eio. Adalhram. Rihheri[15]. Kerwentil. Wolfhart. Sigipald[18]. Immino. Hrodrih. Helfrih[21] (Helfrid *Mchb.*). Cozr. 59a. Mchb. I, 2, 61 N. 58. Hundt 98.

63. Trad. Lantperti pri vel Starcholfi de duobus locis Azzalinga et de Riutte. 778.

Azzalinga. az Riutte. Lantperht[3]. Frigisinga (Frisinga *Mchb.*). Starcholfo (Starchlfo *Mchb.*). Tisoni[6]. Rimideo- Ratolt. Hiltolf[9]. Frigisinga (Frisinga *Mchb.*). Kepahoh. Francho[12]. Alpuni. Willapato. Eio[15]. Teto. Wicperht. Hantuni[18]. Othelm. Willahelm. Heripald[21]. Herideo. Aladeo. Peredeo[24]. Liutprant. Waldker. Alprih[27]. Heimpald. Wolchrat. Oto[30]. Sundarheri. Cozr. 59b. Mchb. I, 2, 61 N. 59. Hundt. 99.

64. Trad. Arperhti pbi seu Maginrati diac. de Hasalpah. 778.

Arperht. Maginrato. Hasalpah[3]. Arperht. Maginrato. Alpolt[6]. Wolfcoz. Arhart. Sundarheri[9]. Eio Franco. Sindperht[12]. Fater. Meginperht. Ekkahart[15]. Uuldarrih (Wuldarrih *Mchb.*). Hramperht. Cozr. 60a. Mchb. I, 2, 62 N. 60. Hundt 100.

65. Trad. Wicpoti pbri. de Rühcozhofa. 779.

Wicpot. Rihcozhofa. Frigisingas[3] (Frisingas *Mchb.*). Frigisingas (Frisingas *Mchb.*). Tarchanaat. Bern[6]. Salomon. Wicraat. Situli[9]. Helias. Chadold. Perhtcooz[12] (Pertcooz *Mchb.*). Leidraad. Cozr. 61b. Mchb. I, 2, 63 N. 62. Hundt 102.

66. Trad. Hroadswinda de Aruzzapah et Meginolti de Incinmos. 779.

Selprat. Alprat. *(fehlt bei Mchb.).* Toto[3]. Maiaran. Tarchnat. Raginperht[6]. Lantfrid. Nendinc. Hrepin[9]. Maricho. Maio. Frumolt[12]. Hroadswind. Frumolti. ad Aruzzapah[15]. Maione. Meginolt. Incinmos[18]. Frigisinga. Lantfrid. Maginperht[21]. Tarchnat. Selprat. Onolf[24]. Helis. Aaron. Peradeo[27]. Alpolt.

Cozr. 34 b. Mchb. I, 2, 62 N. 61. Hundt 104.

67. Trad. Kartheri de Rota. 779.

Cartheri. Frigisingas (Frisingas *Mchb.*). Offo[3]. Stephanus. Heimo. Oadalmunt[6]. Oadalrich. Salucho. Hartker[9]. Hahmunt. Rihhart. Arbeo[12]. Ortheri. Pern.

Cozr. 43 b. Mchb. I, 2, 64 N. 65. Hundt 106.

68. Trad. Cunzonis et Folcmari cler. 780.

Cunzo. Frigisingas. Pern[3]. Wolfperht. Wigrat. Eio[6]. Deotan. Toto. Situli[9]. Folchmar. Tarchnat. Waldperht[12]. Petto. Pern. Toto[15]. Situli. Eio. Deotan[18]. Rihpald. Sundarheri. Sundarheri[21].

Cozr. 58 a. Mchb. I, 2, 67 N. 70. Hundt 109.

69. Trad. Adaloni ad Kisalpah. 780.

Adalo. Kisalpah. Maganpah[3]. Haguno. Arperht. Johannes[6]. Meginrat. Andreas. Rubo[9]. Engilperht (Egilperht *Mchb.*). Hroadperht. Pernger[12] (Periger *Mchb.*). Peppo. Haduport. Chadolt[15]. Waninc (Warinc *Mchb.*). Pirhtilo. Teito[18] (Tetto *Mchb.*). Ekkihart. ad Maganpah.

Cozr. 85 a. Mchb. I, 2, 58 N. 53. Hundt 110.

70. Trad. Fater de Prisinga et Salomonis prbi de Aittarpah. 782.

Fater. Tisonem. Kepahartum[3]. Otrihhum. Ratolt. Arnum[6]. Prisingas. Landperht. Engilperht[9]. Crimolf. Hleoperht (Hleodperht *Mchb.*). Hramperht[12]). Aaron. Scakka. Salomonis[15]. Aittarpah. Zoolti (*Gen.*). Tarchnat[18]. Kebahoh. Hrepin. Hleoperht[21]. Crimolf. Otuni. Scakka[24]. Crimheri. Deotto. Ramuolf[27] (Ramwolf *Mchb.*). Sundarheri.

Cozr. 39 a. Mchb. I, 2, 68 N. 71. Hundt 111.

71. Trad. Adalhelmi. 782.

Baiuuarorum. Adalhelm. Adalhelmeshusir[3]. Odalpaldo (Oadalpaldo *Mchb.*). Altilo. Attoni[6]. Frigisinga (Frisinga

Mchb.). Pernopah. Oadalpaldo [9]. Coteperht (Cotperht Mchb.).
Heriperht. Maiol [12]. Rifuni (Rifani Mchb.). Walthcri. Scrot [15].
Haduker (Haduaker Mchb.). Sigidanc. Ainhart [18].
Secunda traditio.
Adalhelm. Oadalpald. Attono [21]. Coteperht. Salomon.
David [24]. Angilheri. Otperht. Croon [27]. Poto. Hato (Hatto
Mchb.).
Cozr. 100 b. Mchb. I, 1, 85. Hundt 112.
72. Trad. Alpolti et filii ejus Huasuni Swapinga. 782.
Alpolt. Huasuni. Swapinga [3]. Sentilingas. Isuram.
Ezzilo [6]. Lantperht. Oadalrih. Cundhart [9]. Alpolt (Apolt
Mchb.). Oasuni. Niwihingas [12]. Theoto. Leidrat.
Cozr. 170 b. Mchb. I, 1, 80. Hundt 113.
73. Trad. Helmkeri de Munninpah. 784.
Helmker. Munninpah. Reodir [3]. Clana. Waldkercshova.
Plidmoteswanc [6]. Miltunc. Sindperht. Wolfpirc [9]. Huuasmoti.
Oadalharti. Hunrih [12]. Frichoni. Sigideo. Reginperhti [15].
Otlanti. Waldkeri. Adalgeri [18]. Alhmunti. Ellanpaldi.
Cozr. 37 b. Mchb. I, 2, 78 N. 97. Hundt 115.
74. Trad. Deotlinda de Neritinga. 788.
Deotlind. Neritinga. Emicho [3]. Hroadwar (*uxor ejus*).
Liutperht. Wolfdeo [6]. Perhthilt (Perhtilt Mchb.). Hroduni.
Waltrat [9]. Sikifrid. Attonis. Snelmoti [12]. Frikisinga (Friksinga Mchb.). Frikisinga. Karolo [15]. Francorum. Langobardorum. Alprat [18]. Hamadeo. Hununc. Cozzo [21]. Maio. Enzilo.
Altman [24]. Snelmot. Attonis.
Cozr. 97 b. Mchb. I, 2, 79 N. 99. Hundt 124.
75. Trad. Weltoni et conjugis Pilihilta in loco Altheim. 790.
Welto. Pilihilt. ad Frigisingun [3]. Attonis. Tarchanat.
Wicrat [6]. Isaac. Lanto. Eodunc [9]. Moginrat. Meginhart.
Liutuni [12]. Hroadolt. Williperht [15]. Attone.
Cozr. 95 a und 158 b. Mchb. I, 2, 80 N. 100 (aus
Chonr. sacr.). Hundt 129.
76. Trad. Ekiharti prbt. az Waldiu. 790.
Ekihart. Az Waldiu. Frigisingas [3]. Carolo. Frigisingas.
Saluhho [6]. Tarchat. Camanolf. Rihheri [9]. Salomon. Snelmpt.
Attonis [12].
Cozr. 159a. Mchb. I, 2, 80 N. 101.

77. Trad. Sundarheri in locis, quae dicuntur ad Waldiu et ad Isna. 791.

Sundarheri. ad Waldiu. ad Isna[3]. ad Frigisingas (Frisingas *Mchb.*). Sigipald. Tarchnat[6]. Pern. Hununc. Meginolt[9]. Marcheo. Pazwini (Pazzwini *Mchb.*). Isaac[12]. Willihelm. Kepahart. Epuhho[15]. Reginpald. Engilperht. Adalperht[18]. Anulo. Kaganhart. Wolfpero[21]. ad Frigisingas (Frisingas *Mchb.*) Carolo. Sundarheri[24].

Cozr. 30a. Mchb. I, 2, 80 N. 102.

78. Trad. Tutilonis pbri de Rotinpah. 791.

Tutilonis. Oazo. Cozzilo[3]. Rotinpah. Attone. Tutilo[6] Tutilo. Oazo. Meiol[9]. Tutilo. Tutilo. ad Frigisingas[12] (Frisingas *Mchb.*). Attonis. Tutilo. Pirhtilonis[15]. Ata. Fritilo. Cozzilo[18]. Petilo. Waltfrid. Fritilo[21]. Situli. Swidpuruc. Tutilo[24]. Oazo. Meiol. Freido[27]. Otperht. Lanto. Alpuni[30]. Kaganhart. Erachar. Loriacti[33]. Karolo. Tutilonem. Kerolt[36]. Meginfrid. Tutilo. Attono[39]. Kerolt. Meginfrid. Helmuni[42]. Waninc. Wolfolt. Eginolf[45]. Adalperht. Hiltiperht. Sindperht[48]. Meginhart. Ermperht. Freido[51]. Altman.

Cozr. 99b. Mchb. I, 2, 81 N. 103.

79. Trad. Rihperhti cler. ad Eiingun (Eungun *Mchb.*). 791.

Rihpert. Atto. Eiinga[3] (Eunga *Mchb.*). Wolfperht. Heripald. Helmuni[6]. Liutprant. Helmuni. Tegarinwac[9]. Karolis (sic). in Hunia. Tagabertus[12]. Attonis.

Cozr. 86b. Mchb. I, 2, 82 N. 104.

80. Egilperht Hroadperht. 791.

Egilperht. Hrodperht. ad Ascke[3]. Frikisinga. Karolus. in Avaria[6]. Helmuni. Adalo. Ermperht[9]. Mezzi. Ponafacio. Teito[12]. Pernger. Eparheri. Scrot[15]. Adalo. Ascoz.

Cozr. 118b. Mch. I, 2, 82 N. 105.

81. Trad. Helmunini (Helmuni *Mchb.*) de Tegarinwac. 791.

Helmuni. Annoni. Tegarinwac[3]. Frigisingas (Frisingas *Mchb.*). Karolo. Adalo[6]. Cundhart. Jusip (Lusip *Mchb.*). Ermperht[9]. Engilhart. Toto. Snelmot[12]. Irminhart. Waldperht. Hunperht[15]. Eleof. Engilperht. Williperht[18]. Helmunini (Helmuni *Mchb.*). Cundhart. Annonem[21]. Attonis.

Cozr. 172a. Mchb. I, 2, 83 N. 108.

82. Trad. Arperhti (Trad. Filsa *Mchb.*). 792.
Arperht. Filusa (Filsa *Mchb.*). Frigisingas[3] (Frisingas *Mchb.*). Swidhart *). Cundhart. Helmuni[6]. Adalkart (*sic.*) Patucho. Adalunc[9]. Ermperht. Teuit. Deganheri[12]. alius Teuit. Wolfhroch. Liut[15]. Adalhoh. Crimuni. Karolo[18] (Carolo *Mchb.*) Heilrih. Attoňis.
Cozr. 83b. Mchb. I, 2, 83 N. 106 (aus Chonr. sacr.). Hundt Abh. der histor. Cl. d. Bair. Ac. d. Wiss. Bd. XIII S. 103.

83. Trad. Aperhti pbri ad Isna. 792.
Arperht. ad Isna. Frigisinga[3]. Karo (*so die Hs.*, Karolo *Mchb.*). Iob. Meginperht[6]. Adalo. Hroadperht. Ato[9]. Engilperht. Hrodmunt. Horskeo[12]. Attonis.
Cozr. 127b. Mchb. I, 2, 83 N. 107.

84. Cundhart comis Huckinperc. 793.
Cundhart. Huckinperc. Frigisinga[3]. Frigisinga. Karolo. Ellannod[6] (Ellanod *Mchb.*). Tiso. Riholt. Aaron[9]. Cozmar. Toato. Otachar[12]. Tagabertus.
Cozr. 126b. Mchb. I, 2, 84 N. 110.

85. Concessio domni imperatoris Karoli seu traditio Helmowini comiti ad Swalafeldun. 793 *).
Helmoinus. Karoli. Karolus[3]. Frigisiensis. Kaozesheim. Chuningesheid[6]. Chriechesstat. Swalafelda. Swalawa[9]. Kaozesheim. Chuningesheid. Chriechesstat[12]. Sampin saolla. Cozesheim. Nidar pi deru labhun[15]. Za deru mihilun eihi. Antlanga. Caozeslahhun[18]. Caozesprunnun. Wemodinga. Karoli[21]. Helmoinus. Frigisingas. Atto[24]. Keroldus. Keroldus. Adalunc[27]. Helmuni. Frigisingas. Francorum[30]. Langobardorum. Helmoino. Hadumario[33]. Aotker. Hiltiger. Epucho[36]. Paldilo. Heriolt. Egino[39]. Einhart. Sandrat. Deotfrid[42]. Rihpald. Anno. Hitto[45]. Arnolt. Altman.

---

*) *Die Namen 4—17 incl. und 19, 20 fehlen bei Mchb. Hundt trägt sie nach, derselbe hat aber Adalhart statt Adalkart (7), wie in der Hs. steht.*

*) Meichelbeck gibt die Urkunde — ich weiss nicht aus welchem Grunde — aus Chonradus sacrista, wo sie sich in nichtswürdigem Zustande befinden muss. Ich gebe die Namen aus Cozroh, und meine Lesarten stimmen überall mit denen Carl Roths überein.

Ekino [48]. Helmoinus. Hadumar. Helmoinus [51]. Atto. Hununc. Bern [54]. Sandrat. Adalhoh. Salomon [57]. Helmoinus. Hadumar. Horskeo [60].
Cozr. 131a. Mchb. I, 2, 85 N. 111 (aus Chonr. sacr.). Roth, Renner I, 48 ff.

86. Trad. Crimperhti. 794.
Crimperht. ad Oathareshusir. Frigisinga [3]. Heripald. Hamminc. Altman [6]. Hitto. Adalhart. Cozmar [9]. Toato. Nidker. Alholf [12]. Reginheri. Frigisingas. Karolo [15].
Cozr. 96 b. Mchb. I, 2, 86 N. 112.

87. Haholfus trad. ad Frigisinga. 794.
Haholfus. Frigisinga. Atto [3]. Haholfi. Pernolf. Haholfus [6]. Hlaginpah. *Postea nato praedicto filio (Pro* Eanato *praedicto filio Mchb.).* Frigisinga. Karolo [9]. Francorum. Langobardorum. Droant [12]. Wago. Drudmunt. Sindeo [15]. Hamadeo. Auo. Immino [18]. Crimheri. Adalhoh. Kerhoh [21]. Tagaperht. Droant. Haholf [24]. Altrih. Hleoperht. Deotrih [27]. Tagabertus. Attonis.
Cozr. 106b. Mchb. I, 2, 86 N. 113.

88. Secunda traditio Selprihi ad Hittinhusir. 798.
Selprih. Hittinhusir. Frigisinga [3]. Attonis. Frigisinga. Karolo [6]. Hamadeo. Engilperht. Wetti [9]. Sindeo. Cundheri. Tagabertus [12].
Cozr. 112b. Mchb. I, 2, 97 N. 130.

89. Trad. Gaioni in locis Poapintal, Oparinhof, Cyrcola, Pettinpah. 800.
Gaio. Poapintal. in Oparinhofe [3]. in Cyreolu (Cyreola *Mchb.*). Pettinpach. Slechdorf [6]. Atto. Pettinpach. Otiloni [9]. Reginhart comis. alius Reginhart. Kaganhart [12]. Alprih. Rubo. Zotto [15]. Engilperht. Helmperht. Nothart [18]. Etti. Cozrat. Engilperht [21]. Karolo. Baiowaria. Meriolfus [24].
Cozr. 163b. Mchb. I, 2, 149 N. 274. Zahn, Fontes rer. Austr. XXXI, 7.

90. De contentione Irminfrid cum Attone episcopo. 802.
Caroli. Arnoni. Adalwino [3]. Frigisingas. Attoni. Lantfrid [6]. Lantfrido. Irminfrido. Scarantia [9]. Flurininga. Pollinga. Slehdorf [12]. Hovaheim. Sindolvesdorf. Kisingas [15]. Pasingas. Grefolvinga. Irminfridus [18]. Joseppi. Lantfrid. Oren-

dilo²¹. Reginhardo. Irminfrido. Lantfridus²⁴. Scarantia. Lantfridum. Frigisingu²⁷. Carolo. Ellannod. Kaganhardo³⁰. Lantfrido. Orendil. Toto³³. Helmuni. Cotehelm (Cotehelmi *Mchb.*). Immo³⁶. Erlapald. Reginperht. Rihpald³⁹. Liutprant. Reginhart. Eodunc⁴². Sonperht. Herirach. Wolfperht⁴⁵. Bertharius (Berthart *Mchb.*). Arnoni.

Cozr. 140a. Mchb. I, 2, 87 N. 115. Zahn, Fontes rer. Austr. XXXI S. 8.

91. Quomodo Atto eps. et Lantfrid advocatus interpellaverunt alium Lantfridum. 802.

Karoli. Arnone. Adalwino³. Orendilo. Frigisinga. Attonis⁶. Lantfrid. Lantfridum. Irminfridi⁹. Slechdorf. Irminfrid. Scarancia¹² (Scarantia *Mchb.*). in Fluriningun. in Pollingun. in Slechdorf¹⁵. in Hovaheim. in Sindolfesdorf. in Gisingun¹⁸. in Pasingun. in Grevolfingun. Irminfrid²¹. Pipini. Lantfridus. Irminfrid²⁴. Irminfridi. Lantfrid. Scarantia²⁷. Attonem. Frigisingas. Karoli³⁰. Ellannodi. Kaganhart (Kaganhard *Mchb.*). Lanfrid³³ (*sic*, Lantfrid *Mchb.*). Attonis. Orendil. Toto³⁶. Helmuni. Wolfperht. Cotehelm³⁹. Immo. Erlapald. Reginperht⁴². Rihpald. Liutprant. Reginhart⁴⁵. Eodunc. Suamperht. Herirac⁴⁸. Crimuni. Seliker. Lantperht⁵¹. Folcrat. Perahart. Huuswart⁵⁴. Horskeo. Adalperhti. Adalperht⁵⁷.

Cozr. 164b. Mchb. I, 2, 88 N. 116. Zahn, Fontes rer. Austr. XXXI S. 9.

92. Interpellatio Engilfrita. 802.

Arnone. Audulfo. Adalwino³. Deotkero. Werinhario. Reganespuruch⁶. Engilfrit. Attoni. Kaganhart⁹. Kundperht. Paldilinkirka. ad Lintun¹². Kaganhart. Audulfo. ad Feldun¹⁵. Reganespurc. Karolo. Atto¹⁸. Waltrih. Johannis. Cundheri²¹. Ellannod. Theorolf. Paldrih²⁴. Oadalfrid. Droant. Nidhart²⁷. Alprat. Pippl. Cotehram³⁰. Adalperht. Iob. Walto³³. Rihheri. Engilhart. Engildeo³⁶. Erchanpald. Cundhart. Hamadeo³⁹. Rantolf. Orendil. Kysalhardus⁴² (Kysalhar d̄. *Mchb.*)*. Pero. Helmuni. Bertharius⁴⁵.

Cozr. 142b. Mchb. I, 2, 90 N. 118.

---

* *In der Hs. steht* Kysalhard *mit einem wagerechten Strich durch den oberen Theil des* d. *Meichelbeck macht daraus* Kysalhar d̄.

93. Trad. Weniloni et Helmkeri pbri. 802.
Wenilo. Helmker. in Usinhusun³. Frigisinga. Attonis. Karoli⁶. Kaganhart. Nipulunc. Cundheri⁹. Sindeo. Paldachar. Racholf¹². Tiso. Einhart. Reginperht¹⁵. Memmo. Starcholf. Tozi¹⁸. Reginpald. Hartperht. Sigifrid²¹.
Cozr. 103b. Mchb. I, 2, 90 N. 119.

94. Quomodo Lantfrid interpellabat Reginbertum quendam hominem 803.
Karoli. Arn. Adalwinus³. Orendil. Frigisingas. Attonis⁶. Lantfrid. Reginperhtum. Scattonis⁹. Slechdorf. Keio. Reginberti¹². Reginperht. Keio. Arn¹⁵. Adalwinus. Orendil. Karolo¹⁸. Scatto. Poapo. Poapo²¹. Keioni. Keio. Sleehdorf²⁴. Keione. Scatto. Reginberto²⁷. Orendilo. Reginperht. Keioni³⁰. Reginpertus. Ellannodo. Allingas³³. Kysingas (Kupingas Mchb.). in Germareskauue. Baiowariorum³⁶. Orendil. Toto. Helmuni³⁹. Wolfperht. Rihpald. Liutprant⁴². Reginhart. Kaganhart. Eodunc⁴⁵. Soamperht. Herirach. Crimuni⁴⁸. Seliger. Folchrat. Perahart⁵¹. Huswart. Frigisinga. Karolo⁵⁴. Baiowaria. Adalperhtus. Arnonc⁵⁷.
Cozr. 165b. Mchb. I, 2, 89 N. 117.

95. Trad. Adalfridi pb. 803.
Adalfrid. Adalfrid. Attonem⁸. Isana. Attonis. Poachaloh⁶ (Poachloh Mchb.). Regindeo. Isana. Attonis⁹. Pern. Johannes. Francho¹². Sundarheri. Suidhart (Sundhart Mchb., Swidhart Hundt). Hitto¹⁵. Rupo. Heimperht. Kaganhart¹⁸. Adalhart. Liutprant. Rihpald²¹. Ermperht. Einhart. Wolfpero²⁴. Ekkihart. Andreas. Karolo²⁷. Tagabertus. Attonis.
Cozr. 157b. Mchb. I, 2, 97 N. 131.

Er trennt also das d von dem zweiten Compositionsglied des Namens, zu dem es augenscheinlich gehört. Abgesehen davon wird diaconus in der Hs. entweder ausgeschrieben oder diac. mit Strich darüber gekürzt. Endlich kenne ich in dem von mir bekandelten Zeitraum keine Analogie zu har *für* hari. — *Die richtige Auflösung ist* Kysalhardus; — *das wird häufig genug mit durchstrichenem* d *wiedergegeben,* — hardus *als zweites Compositionsglied findet sich in* Maginhardus 98²⁵, Oadalhardum 98²⁹, Maginhardo 98³¹, Maginhardum 98⁵², Engilhardus 110⁸ *u. a. Schliesslich findet sich im Jahre* 806 *(Urk.* 110) *ein* Kisalhardus judex *und an anderer Stelle* Kisalhart judex, *die wohl mit unserem* Kysalhardus *von* 802 *identisch sind.*

96. Trad. Reginhardi comitis et Adalperti filii ejus ad Pettinpah et ad fluvio Clana. 804.

Reginhart. Erchanfridoni. Liutfridoni³. ad Pettinpach. ad Clana. Slechdorf⁶. Epa. Kiltoahinga. Karolo⁹. Irminheri. Soamperht. Waldperht¹². Advivian. Waltrih. Diudolf¹⁵. Cozpald. Arfrid. Tozi¹⁸. Engilperht. Drudold. Tencol²¹. Alpolt. Zotto. Kaganhart²⁴. Herirach. Reginhelm. Heriprant²⁷. Hericco. Heimo. Nothart³⁰. Reginhart. Ellannodi. Adalperht³³. Emicho. Ellannodo. Cozr. 162b. Fehlt bei Mchb. Hundt, Urk. d. Agilolf. Anh. II, 14. Roth, Oertlichk. 284.

97. Concordia inter Attonem epm et Liutfrido abbat. 804.

Arnone. Erchanbaldo. Otperhto³. Albrico. Epiningas. Ellannod⁶ (Ellanod *Mchb.*). Attoni. Liutfridum. Liutfrid⁹. Arn. Tuti. Arnone¹². Liutfridus (Liutfrid *Mchb.*). ad Willingas et Perchwillingas¹⁵ et Modrikingas (Willing, Perchwilling, Modriking *Mchb.*).* ad Totinhusir. Attone¹⁸. Liutfridum. ad Hegelingas et Perch²¹. Liutfrid. Attoni. Epininga²⁴. Karoli. Francia. Arn²⁷. Liutfrid. Ellannod (Ellanod *Mchb.*). Eruni⁵⁰. Liutfrid. Wigradus (Wigrad *Mchb.*). Hludiperht⁵³. Pippini. Erchanpald. Meginhart³⁶. Oatperht. Albrih (Albrich *Mchb.*). Sigiperht³⁹. Willahelm. Isanperht. Hlodiolf⁴² (Hlodolf *Mchb.*). Egilolf. Folchrat. Eio⁴⁵. Cotesscalch (Cotesscalc *Mchb.*). Hrodmunt. Alholf⁴⁸. Heriperht. Reginperht. Hroadperht⁵¹. Heripald. Otlant. Snelhart⁵⁴. Immino. Paldachar. Bertharius⁵⁷.

Cozr. 139 a. Mchb. I, 2, 91 N. 120.

98. Quomodo Atto eps interpellavit Adalbertum et Zachonem 804.

Frigisinga. Atto. Adalbertum³. Zachonem. Emmerammi (Emmerami *Mchb.*). Regancspure⁶. Altheus. Waltrih (Walterich *Mchb.*). Arn⁹. Itheri. Ato. Hunrih¹². Urolf. Reginperht. Reginperht¹⁵. Wolfheri. Petto. Cunzi¹⁸. Adalperht. Zacco. Attonis²¹. Meginhart. Zaccone. Atto²⁴. Magin-

---

* Meichelbeck hat in dieser und der folgenden Urkunde die durch den Kürzungsstrich angezeigten Flexionsendungen nicht überall widergegeben.

hardus. Tegarinseo. Arnonem⁵⁷. Attonem. Oadalhardum. Hiltigero⁵⁰. Maginhardo. Cundhario. Ellannodo⁵³. Perhtrato. Oadalfrido. Zacchoni⁵⁶. Rihheri. Isaac. Lantolt⁵⁹. Eparhart. Arn. Droant⁴². Pippinus. Cundhart. Reginhart⁴⁵. Maginhart. Amalrih. Swarzolf⁴⁸. Hitto. Amo. Attonem⁵¹. Maginhardum. Atto. ad Ascwendingas⁵⁴. ad Hartbeningas. ad Egilingas, Wormgoi⁵⁷, Ollinga (Worm. Goiollinga *Mchb.*), Tanchiricha, Zezinhusir⁶⁰, Holzhusir, Hrodungeschirihha (Hrodungeschiricha *Mchb.*), Phunzina⁶³, Helphindorf. ad Funsinga. ad Pohloh⁶⁶. ad Feldkirca (Feldkirc *Mchb.*). ad Holzhusun. ad Tankirca⁶⁹ (Tankirc *Mchb.*). ad Teorhage. Maginhardus. Arn⁷². Atto. Maginhard. Attonem⁷⁵. Arnonem. Ellannod. Arn⁷⁸. Attonem. Maginhardum. ad Tankirca⁸¹. Tegarinseo. Karoli. Berhtharius⁸⁴.

Cozr. 137a. Mchb. I, 2, 92 N. 121.

99. Trad. Wolfharii ad Hage. 804.

Wolfheri. ad Hage. Zollinga³. Attonis. Wagoni. Zollinga⁶. Ellinswind. Karoli. Wago⁹. Sindeo. Einhart. Kaganhart¹². Wichart. Wigant. Alprih¹⁵. Otlant. Mahperht. Immino¹⁸. Irminfrid. Engilhart. Toto²¹. Cauzo. Hruodprant. Khadal²⁴. Reginperht. Kerperht. Kundheri²⁷. Pernolf. Memmo (Menimo *Mchb.*). Anulo³⁰. Rihpald Tento. Tagabertus³³. Attonis.

Cozr. 72a. Mchb. I, 2, 98 N. 132.

100. Cundhoh prbt. de Capalpahc tradidit. 804.

Cundhoh. Kapalpach. Frigisingas³. Johan. Cotescalch (Cotescalkch *Mchb.*).* Meginperht⁶. Altman. Ernperht (Ernberht Mchb.) Oadalhoh⁹. Waldperht. Simon. Ratolt¹². Wituchi. Karoli. Tagapertus¹⁵. Attoni.

Cozr. 76b. Mchb. I, 2, 98 N. 133.

101. Trad. Mezzi de Undeoinga. 804.

Mezzi. Undeoingas. Frigisingas³. Erchanfrid. Hemmi. Cozpald⁶. Altuperht (Altiperht *Mchb.*). Irminhart. Putilo⁹. Karoli. Tagabertus. Attoni¹².

Cozr. 81a. Mchb. I, 2, 98 N. 134.

102. Trad. Annoni de Cella. 804.

Anno. Frigisinga. ad Cella³. Einhart. Sindeo. Toato⁶.

---

* *In der Hs. zuerst* Cotescacch, *dann aus* cch Ich *corrigirt.*

Wiholf. Reginpald. Hartperht[9]. ad Frigisingas. Attonis. Helmuni[12]. Williperht. Horskeo. Altman[15]. Pazzuni. Karoli.
Cozr. 102b. Mchb. I, 2, 99 N. 135.

103. Isanperht de Niwivara trad. 804.
Isanpert. Niwivara (Niwivarae Mchb.). ad Frigisingas[3]. Memmo. Wichart. Nenzilo[6]. Amalperht. Erlunc. Reginperht[9]. Cozmar. Caroli. Tagaperhtis[12] (Tagaperhtus Mchb.).
Cozr. 108a. Mchb. I, 2, 99 N. 136.

104. Trad. Starcholfi et Hiltolfi filii ejus. 804.
Starcholfus. Hiltolfus. Frigisinga[3]. Holzhusir. Steinchiricha (Steinchircha Mchb.). Karolo[6]. Francorum. Starcholfi. Hiltolf[9]. Cundharti. Wolfperhti. Ekinolf[12]. Liutpato. Hrodheri. Williperhti[15]. Kaganhart. Heripald. Cundachar[18]. Richolt. Regino. Hroadhoh[21]. Heimo.
Cozr. 111a. Mchb. I, 2, 99 N. 137.

105. Trad. Folchmar Rathelmesdorf 804.
Folchmar. Rathelmesdorf. in loco Frigisiense[3]. Amalpiro. Ellannodi (Ellanodi Mchb.). Waltilo[6]. Rupo. Rihker. Kaganhart[9]. Crimheri. Hungis. Alpuni[12]. Cundpald. Sigo. Ellanhart[15]. Meginhelm. Hiltiprant. Tuolpach[18]. Karolo. Emicho. Ellannodo[21].
Cozr. 120a. Mchb. I, 2, 100 N. 138.

106. Erchanheri pb. et Heriwini pb. 804.
Erchanheri. Heriwini. ad Frigisinga[3]. Alahmuntinga. Illudinhusir. Frigisingas[6]. Kaganhart. Meginhart. Toato[9]. Nothart. Hrocholf. Ekkihart[12]. Tiso. Frigisinga. Attoni[15]. Karoli. Tagabertus. Attonis[18].
Cozr. 121b. Mchb. I, 2, 100 N. 139.

107. *Genau dieselbe Urkunde wie* 106, *nur* Alamuntinga *für* Alahmuntinga.
Cozr. 168a.

108. Meginhart trad. Winimunteshusir (Meginharti traditio Winimunteshusir Mchb.). 805.
Meginhart. Winimunteshusir. ad Frigisingas[3]. Ellannod. Engilperht. Kaganhart[6]. Sindeo. Deotperht. Waldperht[9]. Wolfhart. Mahalcoz. Alawich[12]. Toawart. Karoli. Tagabertus[15]. Attoni.
Cozr. 76b. Mchb. I, 2, 101 N. 140.

109. Trad. Erchana Dahawa (Dachawa *Mchb.*). 805.
Erchana (*fehlt bei Mchb.*) Landeberti. Dahawa³. (Dachawa *Mchb.*). Zazo. Helidolf. Paldrih⁶. Riza. Sicca. Irminsuind⁹ (Irminswind *Mchb.*). Karoli. Sikideo. Salomon¹². Eparhart. Tcuit. Kermunt¹⁶. Engilperht. Adalperht. Tagabertus¹⁸. Attonis.

Cozr. 158a. Mchb. I, 2, 101 N. 141.

110. Quomodo Engilhardus et Hrocholfus interpellaverunt Wagonem clericum. 806.

ad Otingas. Karoli. Arn³. Adalwinus. Audulfus. Werinharius⁶. Cotefretus. Engilhardus. Hroccolfus⁹. Wagonem. Wago. Helmoinus¹². Wago. Engilhardum. Hrocolfum¹⁵ (Hrocholfum *Hundt*). Wagoni. Toto. Ospuruch¹⁸. Scroot. Wagoni. Engilhardum²¹. Hrocholfum. Arn. Otulfus²⁴. Toto. Engilhardus. Hrocholfus²⁷. Wagonem. Kisalhardus (Kupalhardus *Mchb.*). Wagone³⁰. Helmoinum. ad Otingas. Karoli³³. Arn. Adalwinus. Einrih³⁶. Hato. Urolf. Meginhart³⁹. Hepfilo. Sigimot. Otolf⁴². Werinheri. Cotefrid. Adalperht⁴⁵. Rihheri. Walto. Engilhart⁴⁸ (Engilhard *Mchb.*). Amalrich. Randolf. Drudmunt⁵¹. Kisalhart (Kupalhart *Mchb.*). Ellanperht. Helmuni⁵⁴. Wenilo. Ernust. Johan⁵⁷. Reginperht. Engilscalch. Cundalperht⁶⁰. Chuniperht. Cundpald. Oadalger⁶³. Pcradeo. Engilperht. Alprich⁶⁶. Hroadperht. Liutprand. Cundheri⁶⁹. Ratolt. Haholt. Starcholf⁷². Hunperht. Egipald. Arnone⁷⁵.

Cozr. 144b. Mchb. I, 2, 93 N. 122.

111. Notitia Attoni epi et Alprat. 806.

Atto. Alprat. Richhart³. Steinhard (*locus*). Ellanperht. Wolfperht⁶. Einhart. Rumolt. Cunzo⁹. Meginhart. Kaganhart. Sachso¹². Karoli.

Cozr. 153b. Mchb. I, 2, 94. N. 123.

112. Drudmunt Cundpald Chuanrat tradiderunt ad Frigisingas. 806. (Trad. Feldtuhhinga *Mchb.*).

Droanti. Drudmunt (Drutmunt *Mchb.*). Cundpalt³. Chuanrat (Chunrat *Mchb.*). Frigisinga (Frisinga *Mchb.*). Judith⁶ (Judit *Mchb.*). Swarzoh (Swarzoch *Mchb.*). Feldtuhhinga. Deganolt⁹. Kerhiltahusir (Kerhiltahusin *Mchb.*). Deganolt. Wago¹². Engilhart Reginperht. Cundpato¹⁵. Memmo. Tenil. Teneol.¹⁸. Chadolh (Chadilhoh *Mchb.*).

Herirat. Karoli[21] (Karuli *Mchb.*). Hiltiperhtus *). Atto. Starcholfus[24].

Cozr. 80a. Mchb. I, 2, 102 N. 142.

113. Trad. Meginperhti diaconi. 806.

Atto. Meginperht. Phrumare[3]. Meginperhtus. Frigisinga. Attoni[6]. Orendil. Kaganhart. Eginolf[9]. Hishad. Lantolt. Herilant[12]. Unarc (Linarc *Mchb.*). Frigisinga. Attonis[15]. Karoli. Tagapertus (Tagabertus *Mchb.*).

Cozr. 105b. Mchb. I, 2, 102 N. 143.

114. Trad. Nahuni ad Meisaha. 806.

Nahuni. Frigisingas. Deotuni[3]. Hrodni (*mater*). Chrimhilt. Kysalni (*filiae*)[6]. Maisaha. ad Frigisingas. Lantfrid[9]. Erchanfrid. Adalhart. Toato[12]. Egisperht. Hunperht. Willihelm[15]. Humpald (*sic*). Wolfheri. Karoli[18]. Tagabertus.

Cozr. 128b. Mchb. I, 2, 103 N. 144.

115. Swidmot Elismot. 806.

Swidmoat. Attonis. Swidmota[3]. Elismot. Elismot. Frigisingas[6]. Atto. Sindeo. Riholt[9]. Reginperht. Deotrih. Emicho[12]. Lantolt. Karoli. Tagabertus[15].

Cozr. 127a. Mchb. I, 2, 152 N. 281.

116. Contentio Attonis cum Rumoldo et fratribus ejus 807.

Arnone. Orendil. Amalrih[3]. ad Karoz. Wolfperhti. Rumold[6]. Hildolf (Hidolf *Mchb.*). Deotpald. Ekkiperht[9]. Attonem. Liutprant. Atto[12]. Hatile (*locus*). Attoni. Wolfperhti[15]. Attonis (Attoni *Mchb.*). ad Atulla (Attulla *Mchb.*). ad Caroz[18] monasterium. Karoli. Arnonis. Oadalhardi[21]. Amalricis. (*Gen.*). Orendil. Rihpald[24]. Isi. Hrodmunt. Isunc[27]. Tato. Drudolf. Mezzi[30]. Egipald.

Cozr. 143b. Mchb. I, 2, 94 N. 124.

117. Contentio Otlant et Einharti. 807.

Arnoni. Oisalhardo. Ellanperto[3]. Feringa. Attonis. Ainhart[6]. Oadallant. Albrih. Heriperht[9]. Sindperht (Sinderht *Mchb.*). Heripato. Reginhart[12]. Regino. Hrocholf. Hagunonem[15]. ad Feringas. Karoli. Arn[18]. Kysalhart. Ellanperht. Liutpald[21]. Heriperht. Orendil. Hroccholf[24]. Reginhart. Meginhart. Anno[27]. Rihpald.

---

*) Die Namen 22—24 incl. fehlen bei Meichelbeck. Vgl. auch Hundt, Abh. d. Bair. Ac. d. W. XIII, 1 S. 103.

Cozr. 148b. Mchb. I, 2, 95 N. 125.
118. De emptione vel traditione Cotescalhi pbri de Heidolvinga. 807.

Cotescalh. Heidolfinga. Milo [3]. Deotmar. Frigisinga. Chadol [6]. Sindperht. Erimperht. Leohtilo [9]. Eparfrid. Scacca. Hato [12]. Heripald. Herimot. Anno [15]. Alpker. Jmmo. Hilteo [18]. Petilo. Attonis. Karoli [21]. Frigisinga.

Cozr. 78a. Mchb. I, 2, 103 N. 145.
119. Trad. Tisoni de Holze. 807.

Tiso. Attoni. ad Holze [3]. Attoncm. Eginolf. Hrodmunt [6]. Ratpald. Hrodperht. Alprih [9]. Madalhart. Helmker. Adalperht [12]. Perhtolt. Oadalrih. Egilolf [15]. Heistolf. Sigur. Heriperht [18]. Hleoperht. Tiso. Eginolf [21]. Hroadperht. Madalhart. Eginolf [21]. Hroadperht. Madalhart. Hiltolf [27] (Hitolf *Mchb*.). Waldker. Engilvolch. Kisalperht [30]. Leidrat. Isso. Sigifrid [33]. Lazarus. Helmker. Engilscalch [36]. Sigur. Oadalman. Perhtolt [39]. Hleoperht. Werin. Karoli [42]. Tagabertus.

Cozr. 78b. Mchb. I, 2, 103 N. 146.
120. Trad. Egilrichi (Degilrihi *Mchb*.). ad Pipurc et ad Pelheim. 807.

Karoli. Egilricus. Pipurc [3]. Pelheim. ad Frigisingas. Attoni [6]. Oadalker. Frigisingas. Liutfrid [9]. Ellannodi (Ellanodi *Mchb*). Adalunc. Cundpald [12]. Reginhart. Meginolt. Oadalpald [15]. Sigipald. Lanfrid (*sic*). Eio [18]. Liutto. Waltrih. Pernwin [21]. Heimperht. Reginperht. Sindeo [24]. Cundheri. Hunolt. Rihpald [27]. Einhart. Crimperht. Memmo [30]. Emicho. Selprih. Ortheri [33]. Adalhart. Cozmar. Toto [36]. Angilperht. Heoperht. Adalker [39]. Coteperht. Alpherius. Egilrico [42].

Cozr. 79b. Mchb. I, 2, 104 N. 147.
121. Trad. Adalrih cler. 807.

Adalrih. ad Crazun. ad Frigisingas [3]. Karoli. Ellannod. Pern [6]. Wasugrim. Liutbald. Ellanperht [9]. Hantuni. Mabalkis. Tuto [12]. Tagaperht. Fridurih. Meiol [15]. Oadalfrid. Tagabertus. Attoni [18].

Cozr. 82b. Mchb. I, 2, 105 N. 148.
122. Trad. Hroadolti de Palzinga. 807.

Hrodolt. Palzinga. Hiltiker [3]. Waldker. Ratpald. Eginolf [6]. Chuniperht. Ekkolf. Alprih [9]. Cozzuni. Perhtolt. Rihcoz [12]. Piholf. Othelm. Hrodrat [15] (Hrodat *Mchb*.). Chuni-

perht. Waldker. Wolfleoz [18]. Fritilo (Frutilo *Mchb.*). Reginhart. Ekkolf [21]. Tagapertus (Tagabertus *Mchb.*).
Cozr. 82b. Mchb. I, 2, 105 N. 149.
123. Trad. Tatoni de Zetileshusun. 807.
Tato. Zetileshusir. az Reode [3]. ad Frigisingas. Attone. Zetil [6]. Starcholf. Ortheri. Cozmar [9]. Karoli. Tagabertus. Attone [12].
Cozr. 91b. Mchb. I, 2, 105 N. 150.
124. Trad. Ellanpuruc et Engilpurc (Engilpuruc Mchb.). 807.
Ellanpurc. Engilpurc. ad Frigisinga [3]. Attonis. Louppach. Nendinc [6] (Wendinc *Mchb.*). Rato. Eginolf. Rupo [9]. Alholf. Karoli. Tagabertus [12]. Attoni.
Cozr. 93a. Mchb. I, 2, 106 N. 151.
125. Sicco ad Mosaha trad. 807.
Sicco. ad Mosaha. ad Frigisingas [3]. Kaganhart. Situli. Paldrih [6]. Sigihart. Hrepin. Adalhart [9]. Engilperht. Crimperht. Karoli [12]. Tagapertus. Attone.
Cozr. 113b. Mchb. I, 2, 106 N. 152.
126. Deotpurc de Wihse. 807.
Deotpurc. Anno. ad Wihse [3]. ad Frigisingas. Attone. Anno [6]. Einhart. alius Einhart. Adalhart [9]. Toato. Ratolt. Otachar [12]. Isanperht. Fatto. Karoli [15]. Tagabertus. Attoni.
Cozr. 125b. Mchb. I, 2, 106 N. 153.
127. Trad. Asoni ad Mammindorf. 807.
Aso. ad Mammindorf. ad Frigisingas [3]. Mammindorf. ad Frigisingas. Attoni [6]. Richo. Hrodhart. Wago [9]. Pruninc (Priminc *Mchb.*). Sindihho. Karoli [12].
Cozr. 156a. Mchb. I, 2, 107 N. 154 (bis Z. 13 incl.) *.
128. Convenientia episcoporum et abbatum de decimis 807.
Baioariae. Salzburgensem. Arn [3]. Atto. Adalwinus. Einricus [6]. Hato. Meginhart. Urolf [9]. Johan. Wolfdregi. Wolchanhart [12]. Kerrih. Hepfilo. Karolo [15]. Deodericus.
Cozr. 144a. Mchb. I, 2, 154 N. 286.

---

* Der zweite Theil von Meichelbecks N. 154 folgt unter dem Jahre 808.

129. Trad. Hermperhti de Cella. 807.

Hermperht. Cella. Cella [3]. Hermperht. ad Frigisingas. Attoni [6]. Anno. Lantfrid. Uulfing [9]. Sindeo. alius Anno. Faramot [12]. Anthelm. Karoli. Tagapertus [15]. Attoni.
Cozr. 75a. Fehlt bei Mchb. Hundt, Abh. d. Bair. Ac. d. W. Bd. XII, 1 S. 220. Roth, Oertlichk. N. 98.

130. Renovatio traditionis Asoni. 808.
ad Frigisingas. Mammindorf. Tagibertus [3]. Attonis. Kaganhart. Spulit [6]. Nothart. Adalhart. Sigipald [9]. Wituchi *).
Cozr. 156b. Mchb. I, 2, 107 N. 154 (Z. 14—21).

131. Trad. Altigunda de Alpicha. 808.
Altigund. Wolfolt. Alpicha [3]. Frigisinga. Hascoz. Attonis [6]. Alpicha. Atto. Cotahelm [9]. Cotahelmi. Alpicha. Wolfolt [12]. Altigund. Frigisinga. Atto [15]. Liutfrid. Pern. Oadalpald [18]. Hiltiperht. Lantfrid. Marchuni [21]. Hitto. Hunolt. Hunperht [24]. Anno. Rihperht. Toozi [27]. Alholf (*fehlt bei Mchb.*). Cundheri. Tato [30]. Liutprant (Luitprand *Mchb.*). Hascoz Meginrat [33]. Ramwolf. Arahad. Uto [36]. Cozperht. Otuni. Wituchi [39]. Einhart. Cartheri. Adalker [42]. Karoli. Tagapertus. Attonis [45].
Cozr. 73b. Mchb. I, 2, 107 N. 155.

132. Trad. Isangrim. 808.
Isangrim. Eginoni ecclesia. Atto [3]. Atto. Isancrimi. ad Frigisinga [6]. Isancrimi. Attoni. Isangrim [9]. Kaganhart. Selp-

---

*) *Am oberen und linksseitigen Rande von* 156b *steht Folgendes*: Ista sunt mancipia, quas tradidit Haso ad sanctam Mariam, Alholf, Erinperht, Alpheri, Kerpald, Denchilo, Waltilo, Welaspurc (? *steht halb auf Rasur*), Meripurc. Similiter et conjux ejus nomine Engilfrit tradidit mancipia ista: Paldmot, Froimot, Riheperht, Engilrihc, alius Paldmot et Alholf, Alphram, Reginperht, Liupo, Kyso, Hruodpurc, Erchanpurc, Eckydrud, Lantuusind, Meriuusind, Sigini, Werdni, Winclind, Adalpirc, Reginuusind, Hiltiuusind, Erchanuusind, sint (*sic*) in summa inter omnibus mancipia XXX.

Ich gebe die Namen hier, weil sie meines Wissens mit Ausnahme einiger, die bei Roth, Oertlichk. 271 stehen, bisher nicht gedruckt sind. Die Hand ist nicht die Cozrohs (derselbe schreibt nicht — wsind für — swind), scheint mir aber ungefähr gleichzeitig.

rih. Haholf [12]. Ampho. Nothart. Hericco [15]. Karoli. Tagabertus. Attoni [18].
Cozr. 88b. Mchb. I, 2, 108 N. 156.

133. Trad. Erphuni seu Deothelmi pbrm. 808.
Erphuni. Deothelm. Pochawa [3]. Erphunesreod. Attoni. Perhthrammi [6]. Erphuni. Deothelm. Perehthrammo [9]. Otuni. Perchthram. Frigisinga [12]. Attonis. Oadalharti (Oadharti Mchb.). Perhthram [15]. Atto. Erphuni. Deothelmi [18]. Perhthram Attone. Frigisinga [21]. Attonis. Oadalharti. Oadalpald [24]. Snelmot. Cozpald. Unroh [27]. Hiltiperht. Altman. Pazzuni [30]. Hitto. Waldker. Anno [83]. Alholf (fehlt bei Mchb.). Wolfpald. Walto [36]. Sigiwin. Kerhart. Rihhart [39]. Erchanperht. Reginhart. Adalunc [42]. Hrodperht. Paldrih. Adalperht [45]. Karoli. Tagabertus. Attoni [48].
Cozr. 89a. Mchb. I, 2, 109 N. 157.

134. Trad. Engilperhti pbi et Perhtolti laici ad Ipach. 808.
Engilperht. Perhtolt. Ipach [3]. Frigisinga. Attonis. Herirach [6]. Meginhart. Ramuolf. Isi [9]. Isunc. Cunzo. Karoli [12]. Tagabertus.
Cozr. 92b. Mchb. I, 2, 109 N. 158.

135. De concordia Attonis epi et Kyppin vel traditio ejus. 808.
Kyppo. Marzilinga. Frigisingas [3]. Attonis. Attonem. Kyppum [6]. Kyppo. Atto. Kyppo [9]. Atto. Kyppo. Memmo [12]. Einhart. Reginperht alius Einhart [15]. Richolf. Ellanrich. Adalrih [18]. Alholf. Madalcoz. Karoli [21]. Tagabertus. Attonis.
Cozr. 93b. Mchb. 1, 2, 110 N. 159.

136. Trad. Isi ad Poche. 808.
Isi. ad Poche. Isi [3]. Attonem. Attonis. Ellanperht [6]. Kaganhart. Hemmi. Priso [9]. Unroch. Liutprant. Nothart [12]. Karoli. Tagabertus.
Cozr. 94a. Mchb. I, 2, 110 N. 160.

137. Alhilt ad Urdorf. 808.
ad Uurdorf. Hcripato. Oadalhart [8]. Deotto. Cozperht. Irminheri [6]. Waltheri. Cundheri. Reginperht [9]. Karoli. Tagabertus. Attonis [12].
Cozr. 96a. Mchb. I, 2, 111 N. 161.

138. Rupo diaconus trad. 808.
Rupo. Itispuruc. Ruboni[3]. Rupo. Sigipald. Frigisinga[6]. ad Humpla. ad Strogun. ad Isana[9]. ad Frigisinga. Attonis. Liutfrid[12]. Salomon. Oadalpald. Meginolt[15]. Snelmot. Hiltiperht. Chuniperht[18]. Helicho. Memmo. Herico[21]. Adalboh. Hitto. Hunolt[24]. Emheri (*Mchb.* Ermheri, *oder* = Einheri?). Starcholf. Alholf[27]. Karoli. Tagabertus. Attonis[30].
Cozr. 114a. Mchb. I, 2, 111 N. 162.

139. Johan, Sliu, Ort pbri. 808.
Johan. Sliu. Attoni[3]. Hipach. Einhart. Emicho[6]. Waldperht. Wicheri. Madalheri[9]. Deotpald. Lantperht. Wolfhart[12]. Filusa. Ort. Crimperht[15]. Einhart. Attonis. Frigisinga[18]. Willon. Erchanperht. Rumheri[21]. Pultar. Selprat. Sigipald[24] (Sigipato *Hundt*). Waldbram (Walthram *Hundt*). Cozpald. Alprat[27]. Wolfpero. Regan. Otperht[30]. Karoli. Tagapertus.
, Cozr. 114b. Mchb. I, 2, 111 N. 163*. Hundt, Abh. d. Bair. Acad. d. W. Bd. XII, 1 S. 220.

140. Traditio Erlaperhti pbri Heidhusir. 808.
Erlaperht. Heidhusir. Erlaperht[3]. ad Frigisinga. Attonis. Cundalperht[6]. Perhtolt. Mezolf. Adalhart[9]. Rihhart. Meginheri. Adalker[12]. Liutfrid. Karoli. Tagabertus[15]. Attonis.
Cozr. 126b. Mchb. I, 2, 112 N. 165. Roth, Kl. Beitr. Heft IV S. 164 f.

141. Trad. Pernharti pbri. 808.
Pernhart. Winimunteshusir. Pernhart[3]. Attonem. Pernhart. Attonis[6]. ad Frigisinga. Ekkihart. Hadolt[9]. Edilo. Sipicho. Lungar[12]. Wirunt. Cozpald. Uurmhart (Wurmhart *Mchb.*). Haguno. Salomon. Karoli[18]. Tagabertus. Attonis.
Cozr. 128b. Mchb I, 2, 112 N. 166.

142. Concambium Attonis epi cum homine Waltant Rihcozesdorf. 808.

---

* Meichelbeck a. a. O. hat nur den ersten Theil der Urkunde, der zweite, und damit die Namen 13—32 fehlen bei ihm. Hundt giebt die Urkunde vollständig, hat aber in den Namen zwei Versehen, die ich corrigire.

Atto. Waltant. Rihcozesdorf[3]. Atto. Fritilo. Kamanolf[6]. Pernhart. Riblant. Oago[9]. Rato. Hungis.
Cozr. 155a. Mchb. I, 2, 113 N. 167.
143. Paldhram pbt. de Mosaha tr. ad Frigisinga. 808. Paldhram. Mosaha. Frigisinga[3]. Ellanperht. Hrodperht. Isunc[6]. Salucho. Helicho. Isaac[9]. Tato. Karoli. Tagabertus[12]. Attonis.
Cozr. 117a. Mchb. I, 2, 113 N. 168.
144. Traditio Engilswin (sic) ad Holze. 808. Engilswind. ad Holze. Zollinga[3]. Attonis. Wagoni. Zollinga[6]. Karoli. Wago. Sindeo[9]. Einhart. Alprihc. Wolfheri[12]. Otlant. Mahtperht. Irminfrid[15]. Tagabertus. Attonis.
Cozr. 122a. Mchb. I, 2, 113 N. 169.
145. Deotswind manc. tr. 808. Deotswind. ad Frigisingas. Sikifrid[3]. Otni. Perhta. Regindrud[6]. Ellandeo. Petto. Sindeo[9]. Friduperht. Reginperht. Hiltiker[12]. Cros. Altperht. Karoli[15]. Tagabertus. Attonis.
Cozr. 275b. Mchb. I, 2, 152 N. 283.
146. Oadalcrim pbt. et Hroadant diac. 809. Oadalgrim. Hroadant. Horaginpach[3]. Attonis. Heriperht. Meginolt[6]. Marchuni. Pazzuni. Hitto[9]. Altman. Rupo. Hunolt[12]. Enisa, Pliddrud (mancipias). Alholf[15]. Deodolt. Sigiwin. Heriperht[15]. Hisker. Karoli. Tagabertus[21]. Attonis.
Cozr. 117a. Mchb. I, 2, 112 N. 164.
147. Trad. Ellannodi pbri ad Fiscon. 809. Ellannod. Fiskea. Slechdort[3] (Schlechdorf Mchb.). Attoni. Hericcone. Hericco[6]. Hericconi. Ellannod. Reginhart[9]. Hericone (Hericcone Mchb.). Meginrat. Helmker[12]. Otperht. Frumolt. Arfrid[15]. Adalwart. Oadalfrid. Williperht[18]. Rihmunt. Erphuni. Sandolf[21]. Hroadperht. Kamanolt. Slecdorf[24] (Slecdorff Mchb.). Karolo. Kerolt. Ellannodo[27] (Ellanodo Mchb.). Emichoni.
Cozr. 160b. Mchb. I, 2, 66 N. 68.
148. Trad. Engilperhti cler. de Moresfurtiu. 809. Engilperht. ad Moresfurt. ad Mataclapfin[3]. ad Frigisingas. Hovadiu. Attone[6]. Sliu. Sliu. Engilperht[9]. Kaganhart. Einhart. Reginhelm[12]. Nothart. Oadalrih. alius

Kaganhart[15]. Adalker. Adalperht. Adalunc[18]. Sindperht. Plidker (Pbidker *Mchb.*). Arnolt[21]. ad Frigisinga. Attoni. Meginhart[24]. Reginperht. Warmunt. Cundheri[27]. Liutpald. Ellanperht. Pietto[30]. Karoli. Tagabertus. Attonis[33].
 Cozr. 81b. Mchb. I, 2, 114 N. 170.
 149. Trad. Hagunoni cler. de Tanne. 809.
 Haguno. ad Tanne. Haguno[3]. ad Frigisingun. Rumolt. Emicho[6]. Fridurat. Coteperht. Wiclant[9]. Reginhart. Liutto. Erchanpald[12]. Engilrih. Somperht. Karoli[15]. Tagabertus. Attonis.
 Cozr. 88a. Mchb. I, 2, 114 N. 171.
 150. Trad. Deodolti ad Ekkiperhteshova. 809.
 Atto. Deodolto. Ekkiperhteshova[3]. Chuniperht. Adalcoz. Deodolt[6]. Alprih. Oata *(mancipias)*. Irminrat[9]. Attonis. Kaganhart. Adalhart[12]. Spulit. Nothart. Aso[15]. Emicho. Oadalhart. Hrodlant[18]. Eparpert. Somperht (Semperht *Mchb.*). Karoli[21]. Tagabertus. Attonis.
 Cozr. 90a. Mchb. I, 2, 115 N. 172.
 151. Trad. Erchanheri do Alamuntinga. 810.
 Erchanheri. Heriwini. Alamuntingas[3]. ad Dorf. ad Frigisingas. Alamundingas[6]. Karolo. Erchanheri. Heito[9]. Kysalhart. Irminheri. Wicheri[12]. Waltheri. Altuperht. Marcho[15]. Isanparto. Hajo. Adalwalt[18]. Tinno. Putilo. Ernust[21]. Erchanheri.
 Cozr. 169a Mchb. I, 2, 115 N. 173.
 152. Einhart ad Prunnom. 811.
 Einhart. ad Prunnom. ad Frigisingas[3]. Attonis. Memmo. Crimuni[6]. Hisso. Hunolt. Karoli[9]. Tagabertus. Attonis.
 Cozr. 120b. Mchb. I, 2, 116 N. 174.
 153. De concambio Attonis epi seu Rifwini. 811.
 Atto. ad Frigisingas. Rifuino[3] (Rifuuino *Mchb.*). Westargauui (Westergawi *Mchb.*). Semita *(flurius)*. Aotingas[6]. Rifuinus (Rifuuinus *Mchb.*). Purgreini (Pasgreini *Mchb.*). Isna[9]. Rifuinus. Atto. Puoh[12]. Cotehelm. ad Frigisingas. Reginperht[15]. Sigimoat (Sigimot *Mchb.*). Meginhard. Wago[18]. Hildolf. Johannis. Heriperht[21]. Hitto. Altman. Anno[24]. Swidker. Liutpald. Reginperht[27]. Lantfrid. Kaganhart. Ellanperht[30]. Job. Tato. Hroadperht[33]. Megin-

hart. Priso. Liutprant³⁴. Rihpald. Isunc. Kaganhart⁸⁹.
Ascoz. Lantfrid. Amo⁴². Mezzi. Tuto. Rihheri⁴⁵. Drudolt.
Kraman. Hunker⁴⁸. Aaron. Eparheri. Wolfhart⁵¹. Plidker.
Aotker. Karoli⁵⁴.
Cozr. 141b. Mchb. I, 2, 152 N. 284.
154. Trad. Deotcozi ad Richareshusum et Folmoti fratris sui. 811.
Deotcoz. Folmoti. Folmot³. Folmoti. Folmot. Deotcoz⁶.
ad Richareshusum. Kagunhart. Reginpcrht⁹. Willipato.
Nothart. Hiltiprant¹². Engilperht. Toato. Hericco¹⁵.
Hcimo. Frigisinga. Hittonis¹⁸. Karoli. Tagabertus. Hittonis²¹.
Cozr. 187a. Mchb. I, 2, 154 N. 287.
155. Trad. Purcsona. 811.
Purcson (Purcsona *Mchb.*). in loco nuncup. Feohte.
ad Frigisingas³. Frigisingas Hittonis. Oadalpald⁶. Meginolt. Hiltiperht. Wicrat⁹. Memmo. Kernand. Reginperht¹². Reginpald. Emicho. Rathart¹⁵ (Rathard *Mchb.*) Diudolf.
Irminperht. Karoli¹⁸. Tagabertus.
Cozr. 188a. Mchb. I, 2, 154 N. 288.
156. Trad. Swidharti diaconi. 811.
Swidhart. Anzinga. Kerlind³ (Keslind *Mchb.*). Attonem. Hittone. Atto⁶. Swidhart. Hittonis. Anno⁹. Haholf.
Reginpald. Willipato¹². Heriperht. Hisker. Emicho¹⁵. Pepilo. Hroadperht. Wituchi¹⁸. Adalperht. Egilperht. Hittonis²¹. Wicrat. Chadol. Oadalpald²⁴. Hiltiperht. Hiltiperht. Meginolt²⁷. Marchuni. Manno. Cundhart³⁰. Altman.
Anno. Pazzuni³³. Nidperht. Hunolf. Eginolf³⁶. Adalperht.
Karoli. Tagabertus³⁹. Hittonis.
Cozr. 189a. Mchb. I, 2, 155 N. 289.
157. Trad. Cundharti pbri et Liuthram diaconi. 811.
Cundhart. ad Frigisingas. ad Perke³. Liuthram. Cundharti. ad Perke⁶. Anno. Haholf. Reginpald⁹. Willipato.
Heriperht. Isker¹². Emicho. Pepilo. Hrodperht¹⁵. Wituchi.
Adalperht. Egilperht¹⁸. Karoli. Tagibertus. Hittonis²¹.
Cozr. 190a. Mchb. I, 2, 156 N. 290.
158. Trad. Hiltimarii de Zidalpach. 812.
Hiltimeri. Hiltimeri. Frikisingas³. ad Zidalpach. Helzuni. Oadalbilt⁶. Silvestri. Oadalker. Cundhart⁹. Situli.

Toto. Kernand[12]. Ilaholf. Toato. Emiche[5]. Deotheri. Angilhart. Hartperht[18]. Iisanhart (Usanhart *Mchb.*). Frigisingas. Hittonis[21]. Karoli. Tagabertus (Tagibertus *Mchb.*). Hittonis[24].

Cozr. 87a. Mchb. I, 2, 156 N. 292.

159. Trad. Hahmunti (Hagmunti *Mchb.*) ad Perge. 813. Hahmunt. ad Perge. Attonis[a]. Attonis. Attonis. Hitto[6]. Attonem. Hahmunt. Hittonis[9]. Ellanpirc. ad Frigisingas. Rumolt[12]. Liupato (Luitpato *Mchb.*). Toto. Meginrat[15]. Hunker. Weiko. Oadalker[18]. Papo. Fridheri. Hrodmunt[21]. Waninc. Walho. Crimhart[24]. Anthad. Crimuni. Reginpald[27]. Drudolt. Haholf. Einhart[30]. Jacob. Fridurih. Liutprant[33]. Karoli.

Cozr. 190b. Mchb. I, 2, 156 N. 291.

160. Trad. Cundharti pbri ad Pleoningas et Liuthrammi. 813.

Cundhart. juxta Pleoningas. Hittonem[3]. Cundhart. Hittonis. Liuthram[6]. Cundharti. Hittonis. ad Frigisingas[9]. Adalker. Tuto (Tutto *Mchb.*). Meginfrid[12]. Paugolf. Rantwic. Chuniperht[15]. Alprat. Willipald. Pegiri[18]. Ermperht. Ratolt. Rihhelm[21]. Deothram. Huno. Karoli[24]. Tagabertus. Hittonis.

Cozr. 187b. Mchb. I, 2, 157 N. 293.

161. *(Ueberschrift fehlt in der Hs.)* 813.

Ascrih. Engilhart. Scrot[3]. Chadol. Ascrih. Suester[6] (foemina). Scrot. Chadol. Ascriho[9]. Engilharto. Suindaha. Karoli[12]. Sundarheri. Otlant. Scrot[15]. Eginolf. Mezzi. Trudolt[18]. Cundhart. Eparheri. Chadol[21]. Deothart. Kernod. Rihpald[24]. Amalunc. Hroadunc. Hrodperht[27]. Engilmar. Wichart. Helmperht[30]. Tagabertus. Hittonis.

Cozr. 245a. Mchb. I, 2, 157 N. 294.

162. Trad. Ratolti laici ad Zornkeltinha. 813.

Ratolt. ad Frigisingas. Zornkeltinga[3]. Sigiwart. Cundperht. Kerperht[6]. Engilpern. Einhart. Ekkiheri[9]. Wico. Hunolt. Nendilo[12]. Ermperht. Ellanhart. Hrodperht[15]. ad Frigisingas.

Cozr. 391b. Fehlt bei Mchb. Hundt Abh. d. Bair. Ac. d. W. Bd. XIII, 1 S. 9. Roth, Oertlichk. 691.

163. Trad. Paldachri ad Isamanninga (Ismanningas Mchb.). 814.

Paldachar. Isamanninga (Ismanninga Mchb.). Frigisinga[3]. Liutpald. Pernolf. Cundhart[6]. Hcriperht. Hisker. Ekcolf[9] (Ekolf Mchb.). Egolf. Hiltiprant. Haholf[12]. Chuniperht. Erchanperht. Huasmot[15]. Wolfunc. Hittonis. Frigisingas[18]. Karoli. Tagibertus. Hittonis[21].
Cozr. 188b. Mchb. I, 2, 158 N. 295.

164. Trad. Podalunc et Reginhart ad Mahsminrcinc. 814

Podalunc. Reginhart. Frigisingas[3]. Mahsminrcini (Machsminreim Mchb.). Hegilinga. Rumolt[6]. Liutprant. Rihpald. Ampricho[9]. Cotafrid. Hrodmunt. Adalperht[12]. Plidker. Sigiperht. Pammo[15]. Hittoni. Johanni (Gen., Johannis Mchb.). Heriberti[18]. Karoli. Hrodmunt. ad Ehsingas[21]. Plidker. Adalperht. Rumolt[24]. Tagibertus. Hittonis.
Cozr. 190a. Mchb. I, 2, 158 N. 296.

165. Trad. Starcholfi pbi et Hattoni. 814.

Starcholf. Hatto. ad Perke[3], Phumaro (Phrumaro Mchb.), Haradhusun. ad Prunnun[6]. ad Frigisingas. Hittonis. Wago[9]. Werinheri. Engilhart. Pernolf[12]. Recho. Fruminc (Frumino Mchb.). Urolf[15]. Hcriperht. Hisker. Hiltiperht[18]. Adalger. Kernand. Engilrih[21]. Willipato. Adalcoz. Madalolf[24]. Poazolf. Oadalheri. Zeizo[27]. Lantheri. Kerwat. Ratdrud[33]. Swanahilt. Karoli. Tagibertus[33]. Hittonis.
Cozr. 191a. Mchb. I, 2, 159 N. 297.

166. Trad. Andreae pbri ad Pergum. 814.

Andreas. ad Pergum. ad Frigisingas[3]. Arnolt. Camanolf. Lantfrid[6]. Isanrih. Cundhart. Rihlant[9]. Starcholf. Pernhart. Engilrih[12]. Arahad. Emicho. Hiltiprant[15]. Willapato. Lanthart. Reginhoh[18]. Cundpald. Hraspod. ad Frigisingas[21]. Hittonis. Karoli. Tagabertus[24]. Hittonis.
Cozr. 193a. Mchb. I, 2, 159 N. 298.

167. Trad. Orendil com. ad Scamaha. 814.

Orendil. Scammaha. ad Frigisingas[3]. Hroadperht. Oadalperht. Utti[6]. Drasamunt (Drasmunt Mchb.). Toato. Jacob[9]. Rihhart. Anulo. Eparmunt[12]. Undeo. Meginhart Hantuni[15]. Alpker. Karoli. Tagibertus[18]. Hittonis.
Cozr. 191b. Mchb. I, 2, 159 N. 299.

168. Trad. Piettonis ad Welamotesahu. 814.

Pietto. in loco Wolamotesaba (Wolomotesaha *Mchb.*). Milo[3]. Friduperht. Cozperht. Eoperht[6]. Tagamar. Sigimar (Sigmar *Mchb.*). Kerperht[9]. Eporolf. Ratolt. Cozperht[12]. Pietto. Milo. Friduperht[15]. Piettonis. Hununc. ad Frigisingas[18]. Hittonis. Piettone. Hunungo[21]. Pernolf. Pepilo. Milo[24]. Isangrim. Haholf. Alawih[27]. Coteforht. Isker. Nidhart[30]. Rihbart. Altiperht. Cundhart[33]. ad Frigisingas. Karoli. Tagibertus[36]. Hittonis.

Cozr. 192a. Mchb. I. 2, 160 N. 300.

169. Trad. Deotpaldi pbi et Deotpatoni pbri. 814.

Deotpald. Deotpato. ad Frigisingas[3]. Holzhusir. Hrodolt. Kaganhart[6]. Kerhart. Freaso. Pernker[9]. Sigihart. Cundperht. Ambricho[12]. Toto. Hittonis. Karoli[15]. Tagiperhtus. Hittonis.

Cozr. 193a. Mchb. I, 2, 160 N. 301.

170. Trad. Eioni pbri ad Holze. 814.

Eio. Poaponi. ad Holze[3]. Eio. Alphart. Hittonem[6]. Liutpaldum. Oadalpaldum. Kernandum[9]. Regipertum. Tagabertum. Eio[12]. Alphart. Eio. Eio[15]. Alphart. Hittonis. Liutpald[18]. Mezzi. Kaganhart. Engilhart[21]. Sindeo. Cundhori. Alphart[24]. Nothart. Deotrih. Tuto[27]. Liutprant. Deotpald. Rihpald[30]. Pernolf. Hitto. Reginperht[33]. Einhart. Tozzi. Emicho[36]. Ratolt. Hiltiprant. Reginpald[39]. Arahad. Alpheri. Kartheri[42]. Hato. Hludowici (*fehlt bei Mchb.*). Tagabertus[45]. Hittonis.

Cozr. 193b. Mchb. I, 2, 161 N. 302.

III. Die lautliche Entwickelung.

A. Kurze Vokale.

Der Umlaut.

Die Zeit, in welcher der Umlaut des a allmählich sich Eingang in die baierische Sprache verschafft und mehr und mehr Boden gewinnt, liegt zurück hinter der, die wir beobachten können. Wir finden ihn gleich in den ältesten Urkunden mächtig hereingedrungen und bereits im Besitze fast der Hälfte des Gebietes. In den sieben Urkunden aus den Jahren 747—757 *), geschrieben von vier Schreibern, ist das Verhältnis der umgelauteten a zu den nicht umgelauteten gleich 7 : 8.

Umgelauteter Vokal: Reginheri 2[14], Feringas 3[3], Wetti 3[5], Reginperti 3[20], Wacheri 4[13], Otheri 4[16], Regin-

---

*) Gegen die älteste Urkunde habe ich in sprachlicher Hinsicht entschiedene Bedenken. Der Umlaut ist in ihr durchgeführt, und sie tritt damit aus dem Zusammenhang, in den sie ihrem Datum nach gehört, völlig heraus. Urkunde 2, von demselben Priester Benignus geschrieben, wie die erste, zeigt fünfmal unumgelauteten, zweimal umgelauteten Vocal. In der dritten Urkunde ist das Verhältnis drei gegen drei u. s. w. Dass derselbe Schreiber im Jahre 743 den Umlaut als Regel im Jahr 747 als Ausnahme gebraucht haben sollte, ist nicht wohl denkbar. Wir werden daher anzunehmen haben, dass Cozroh in Urk. 1 nicht das Original, sondern die Abschrift eines späteren Schreibers vor sich gehabt hat.

hoh 5²⁵, Meginheri 5³⁰, Sigiheri 6¹⁸, Alpheri 6²², Eparheri 7¹, Walheri (Waltheri) 7¹⁴ = 14.

Nicht umgelauteter Vokal: Amilo 2¹, Amilonis 2⁸, Rathari 2⁹, Wattini 2¹⁰, Cundhari 2¹⁸, Ragino 3⁶, Raginonis 3¹¹, Aliwic 3¹³, Agilolf 4¹⁹, Arbionis 5⁷, Arbeo 5⁵⁰, Raginhart 6¹⁷, Chunihari 7⁸, Arbio 7⁵, Arbeo 7⁶, Eparhari 7⁷, Fridhari 7¹², Carthari 7¹⁶, Chunihari 7¹⁹ = 16. Den Namen des Bischofs Arbio, der dauernd ohne Umlaut erscheint, zähle ich in jedem Stadium nur einmal.

In der Zeit von 758—772 (32 Urkunden mit 11 Schreibern) macht der Umlaut reissende Fortschritte, er wird Regel und beherrscht mehr als zwei Drittel des ganzen Gebietes. Umgelautetes a zu nicht umgelautetem verhält sich wie 54 : 23.

Umgelauteter Vokal: 9²², 9²⁶, 10¹², 10¹⁶, 11¹⁴, 11¹⁵, 11²⁴, 13¹⁵, 14¹, 14⁵, 15¹, 15⁴³, 16¹⁴, 16¹⁸, 17¹, 17⁶, 17¹⁶, 17²¹, 18¹⁰, 18¹⁴, 18¹⁵, 18²⁰, 19⁹, 21¹⁰, 21¹⁸, 23¹⁵, 24¹¹, 24¹², 25¹⁹, 26¹⁹, 26²¹, 26²³, 27¹², 27¹³, 27¹⁶, 28⁵, 29², 29¹⁷, 32a⁶, 32a¹³, 33⁸, 34¹⁴, 34²², 35¹⁵, 35¹⁹, 36², 36⁷, 36¹⁴, 36²¹, 37¹⁰, 38⁴, 38¹³, 38¹⁵, 38²⁸ = 54.

Nicht umgelauteter Vokal: 10⁵, 10¹⁷, 11¹, 12², 12¹⁴, 12,¹⁸ (zweimal), 14¹⁰, 14¹¹, 14¹⁹, 14¹⁴, 15⁸, 15²⁰, 16²¹, 19³, 20³, 21¹⁸, 22², 23⁹, 24¹⁹, 27¹⁸, 27¹⁹, 29¹⁸ = 23.

Vom Jahr 773 an tritt zwar der nicht umgelautete Vokal noch auf, ein paar Urkunden zeigen ihn sogar reichlicher, im Ganzen aber befindet er sich der Masse der umgelauteten a gegenüber in verschwindender Minderheit.

Von 773—804 zähle ich in 67 Urkunden noch 32mal den unumgelauteten, 225mal den umgelauteten Vokal.

Umgelautetes a: 40¹¹, 41¹, 41⁶, 41¹⁰, 41¹¹, 43¹⁰, 43¹⁵, 43¹⁶, 43¹⁷, 45⁸, 45¹⁸, 45¹⁹, 46¹⁹, 47⁹, 47²⁰, 48¹⁸, 48²⁵, 48¹⁶, 49⁶, 49²², 51¹³, 51²⁰, 52²³, 52²⁷, 53¹², 54¹⁴, 54¹⁵, 54¹⁹, 54²⁰, 55⁹, 55¹³, 56¹, 56⁶, 56¹¹, 57², 57⁷, 57¹⁶, 57¹⁷, 57¹⁸, 58¹, 58⁴, 58¹⁰, 58¹¹, 59²⁹, 60¹⁷, 61¹, 61², 61¹⁴, 62⁶, 62¹³, 62¹⁵, 62¹⁶, 63¹⁵, 63²¹, 63²², 63³¹, 64⁹, 64¹⁰, 64¹⁴, 64¹⁵, 66⁸, 66¹⁷, 67¹, 67¹³, 68⁶, 68¹⁷, 68²⁰, 68²¹, 69⁷, 69¹⁰, 69¹⁹, 70⁹, 70²⁵, 70²⁸, 71¹¹, 71¹⁴, 72⁴, 72⁶, 73¹⁵, 73²⁰, 74⁸, 74²³, 75¹,

— 53 —

75^{10}, 75^{11}, 76^1, 76^9, 77^1, 77^9, 77^{16}, 77^{17}, 77^{24}, 78^9, 78^{26}, 78^{37}, 78^{41}, 78^{45}, 78^{49}, 79^5, 80^1, 80^{10}, 80^{14}, 81^{10}, 81^{16}, 81^{17}, 82^{12}, 83^6, 83^{10}, 84^6, 85^{36}, 85^{39}, 85^{48}, 86^4, 86^{18} (zweimal), 87^{19}, 88^8, 88^9, 88^{11}, 89^{10}, 89^{11}, 89^{16}, 89^{18}, 89^{21}, 90^{22}, 90^{29}, 90^{36}, 90^{41}, 90^{44}, 91^{31}, 91^{42}, 91^{45}, 91^{48}, 91^{50}, 92^5, 92^7, 92^{21}, 92^{22}, 92^{34}, 92^{55}, 92^{36}, 92^{40}, 93^1, 93^9, 93^{15}, 93^{19}, 94^4, 94^8, 94^{11}, 94^{12}, 94^{13}, 94^{14}, 94^{17}, 94^{22}, 94^{23}, 94^{25}, 94^{27}, 94^{28}, 94^{29}, 94^{30}, 94^{31}, 94^{62}, 94^{37}, 94^{43}, 94^{47}, 94^{49}, 95^7, 95^{18}, 95^{25}, 96^1, 96^{10}, 96^{19}, 96^{21}, 96^{25}, 96^{26}, 96^{27}, 96^{28}, 96^{31}, 96^{32}, 96^{34}, 96^{35}, 97^6, 97^{20}, 97^{29}, 97^{36}, 97^{43}, 97^{45}, 97^{49}, 97^{50}, 97^{51}, 98^{10}, 98^{14}, 98^{15}, 98^{16}, 98^{22}, 98^{33}, 98^{37}, 98^{45}, 98^{56}, 98^{60}, 98^{77}, 99^1, 99^7, 99^{20}, 99^{25}, 99^{27}, 100^6, 101^1, 102^8, 103^6, 103^9, 104^{12}, 104^{14}, 104^{17}, 104^{20}, 105^5, 105^{10}, 105^{15}, 105^{16}, 105^{20}, 105^{21}, 106^1, 106^2, 106^8, 106^{12} = 225.

Nicht umgelautetes a: 58^2, 60^3, 64^2, 64^5, 66^4, 66^6, 66^{11}, 66^{16}, 66^{21}, 71^5, 71^{12}, 71^{25}, 74^{22}, 86^2, 86^5, 89^1, 90^{46}, 92^5, 92^{11}, 92^{45}, 94^{33}, 97^{57}, 98^{25}, 98^{31}, 93^{32}, 98^{46}, 98^{52}, 98^{71}, 98^{74}, 98^{80}, 98^{84}, 105^6 = 32. Zu beachten ist noch, dass in dieser verhältnismässig geringen Anzahl von Formen mit nicht umgelautetem Vokal dieselben Namen häufig widerkehren, vgl. Maginhard, Maginhart, zweimal Maginhardus, Maginhardo, zweimal Maginhardum in derselben Urkunde (98). Maginrato 64^2 und 64^5. Bertharius 90^{46}, 92^{45}, 97^{57} und 98^{84}. Dadurch wird das Verhältnis für den Umlaut noch günstiger.

Das Verhalten der Schreiber zu dem mächtig und rasch in die Sprache hereindringenden Umlaut ist verschieden, jenachdem sie der jüngeren oder der älteren Generation angehören. Die einzelnen Individualitäten lassen sich sehr wohl von diesem Gesichtspunct aus verfolgen. Den Notar Bertharius können wir uns im Jahre 804 als einen würdigen alten Herrn vorstellen, der unentwegt die Regeln der älteren Schule, in der er schreiben gelernt hat, befolgt, während die jungen Leute um ihn längst anders schreiben.

In den von Bertharius ausgefertigten Urkunden finden wir in verhältnismässig später Zeit noch am häufigsten den nicht umgelauteten Vokal. Er schreibt noch im Jahre 804 in zwanzig Namen einer Schenkung neunmal das nicht umgelautete a. Einen Genossen scheint er in Alpolt zu haben. Dagegen stehen Sundarheri, Horskěo, Tagabert u. a. in dem jüngeren Stadium der Entwickelung und führen den Umlaut durch.

Aus den Jahren 805 bis 814 sind bei weitem die meisten Urkunden von Tagabert geschrieben, und nur höchst selten entschlüpft noch der nicht umgelautete Vokal seiner Feder.

Von den übrigen kurzen Vokalen ist folgendes zu sagen: Aus e wird durch Tonerhöhung i in Pirhtilo 54[10], 69[17], Pirhtilonis 78[15]. Euphonisch steht e in Perehthrammo 133[9] und Perehtbram 133[11]. Für i zeigt sich e in Odalfret 3[19], Cotefretus 110[7], u wird euphonisch eingeschoben in Swidpuruc 78[23] und Itispuruc 138[2]. Von syncopirten Formen sind anzumerken Kislolt 24[20] und Erchnolf 60[13].

B. Lange Vokale.

â.

Tuato 32b[7], Paatto 43[41], Raatolt 52[13], Tarchanaat 65[5], Wicraat 65[8], Leidraad 65[18].

ê.

Bezeichnung der Länge durch Verdoppelung findet sich nicht, vereinzelt ae in Oadalgaer 27[1].

î.

Alpriih 25[6], Hartniid 59[18], lisanhart 158[19]. Kysalhart 11[19], 117[19], 151[10], Kysalhardus 92[42], Kysingas 94[34], Kysalni 146[6].

û.

Bezeichnung der Länge durch Verdoppelung: Huuswart 91[54].

ô.

Bis zum Jahre 760 halten sich in 12 Urkunden, geschrieben von fünf Schreibern, altes ô und seine Diphthongirung ziemlich die Wage.

Alter Vokal in Hrodeo 2[12], Hrodhardi 3[17], Odalfret 3[19], Frocnolf 4[9], Toolpah 5[3], Toolpahc 5[51], Poso 6[16], Popo 10[11], Poch 12[3] = 9.

Die Diphthongirung oa: Hroadolti 2¹⁵, Goatfridi 2²⁰, Oadalhart 3¹², Oadalheid 4⁸, Oadalfrid 5²³, Poasinpah 6⁵, Poatilinpah 9⁴, Oadalhart 13⁵; einmal ua in Puapo 13¹⁴ = 8.

In dem Zeitraum von 762 — 780 tritt der merkwürdige Fall ein, dass die Entwickelung nicht vorrückt, sondern zurück geht. Die Sprache scheint sich gegen den neuen Laut zu sträuben und drängt ihn aus dem bereits eroberten Gebiete zum Theil wider hinaus. Ein Ersatz des oa durch uo, wie er in Alemannien nachgewiesen werden konnte (Henning QF III S. 116) tritt in Baiern nicht ein.

Altes ô: 14³, 15²⁶, 17⁴, 17⁶, 18¹⁷, 20⁵, 21¹⁵, 24¹⁶, 26³, 27⁵, 28⁸, 31¹², 33²⁰, 36¹⁸, 37⁴, 37⁹, 37¹⁵, 37¹⁶, 40², 43³, 43²¹, 43²⁶, 43²⁹, 43³², 43³⁵, 43³⁸, 43⁴⁴, 44⁴, 46², 48², 48³, 48⁴, 48⁶, 48⁹, 48³⁰, 49²¹, 52², 52³, 54²², 58¹³, 59², 59¹³, 60², 61⁴, 62²⁰, 66³, 68⁸, 68¹⁵ = 48.

Daneben oa: 14¹⁶, 16¹, 16³, 23², 25¹⁸, 26¹⁵, 27¹, 27²³, 28⁴, 29¹³, 32a⁴ (32b²), 35², 35¹², 35²⁶, 38⁵, 43¹², 45⁶, 57¹, 59¹⁵, 66¹³, 67⁶, 67⁷, 69¹¹ = 23.

Hatte demnach in dem vorigen Stadium der Diphthong fast die Hälfte des gemeinschaftlichen Gebietes inne, so ist er jetzt auf weniger als den dritten Theil desselben eingeschränkt.

Von 782 - 804 nimmt oa wider etwas zu.

Altes ô: 71⁴, 71¹⁵, 71²⁷, 71²⁸, 73⁶, 73¹⁰, 74⁸, 74¹², 74²⁵, 76¹¹, 80², 80¹⁵, 81¹¹, 81¹², 82¹⁴, 83¹¹, 90³³, 90⁴³, 91³⁶, 94³⁸, 97¹⁶, 97¹⁷, 97⁴⁷, 98⁶², 98⁶⁶, 99²¹, 104¹⁴, 106¹¹ = 28.

oa: 71⁹, 71²⁰, 72⁸, 72¹¹, 73¹¹, 74⁴, 75¹³, 83⁸, 84¹¹, 86¹⁰, 89², 92²⁵, 94²⁰, 94²¹, 94¹⁶, 95⁶, 96¹¹, 97⁵¹, 98²⁹, 98³⁵, 100⁹, 102⁶, 104²¹, 106⁹ = 24.

Nehmen wir noch Huasuni 72² (= Oasuni derselben Urkunde), Suamporht 91⁴⁷, Hruodprant 99²³ und Tuolpah 105¹⁶ hinzu, so ist die Diphthongirung wider ebenso stark, als der alte Vokal.

Von 805—814 ist das Verhältnis nicht viel anders.

Altes ô: 110⁹, 110¹⁵, 110¹⁷, 110¹⁹, 110²², 110²⁵, 110²⁷,

110^{41}, 114^4, 115^3, 115^4, 115^5, 116^{26}, 117^{14}, 117^{24}, 118^{14}, 119^6, 119^8, 120^{36}, 122^1, 122^{15}, 127^8, 129^{12}, 133^3, 133^{25}, 133^{27}, 133^{13}, 136^2, 136^{10}, 138^{16}, 143^5, 149^{14}, 150^{16}, 150^{20}, 154^2, 154^3, 154^4, 154^5, 155^1, 157^{15}, 158^{11}, 159^{14}, 159^{21}, 161^{27}, 162^{15}, 164^{11}, 164^{20}, 168^2, 169^5, 169^{13} = 50.

Dagegen oa: 110^{63}, 110^{67}, 114^{12}, 115^1, 116^{21}, 117^7, 119^{14}, 119^{22}, 119^{25}, 119^{38}, 120^7, 120^{15}, 121^{16}, 126^{10}, 131^{18}, 133^{14}, 133^{23}, 133^{24}, 137^3, 138^{14}, 146^1, 146^2, 147^{17}, 147^{22}, 148^{14}, 150^{17}, 153^{16}, 153^{33}, 154^{14}, 156^6, 156^{17}, 156^{24}, 158^6, 158^8, 158^{14}, 159^{18}, 159^{26}, 165^{25}, 165^{26}, 167^4, 167^5, 167^8, 170^2, 170^6 = 44.

Dazu kommen noch ua in Chuanrat 112^4 und uo in Puoh 153^{12}.

Im Ganzen müssen wir also sagen, dass es von 747 bis 814 den Diphthongen nicht gelingt, das alte ô aus dem Felde zu schlagen. Relativ am mächtigsten ist oa, die Uebermacht aber erhält es auch nicht. Ua und uo treten so spärlich auf, dass sie kaum in Betracht kommen. Auf die Differenz, die hinsichtlich der Behandlung des alten ô zwischen den Namen und den ältesten baierischen Litteraturdenkmälern besteht, hat schon Weinhold (Bair. Gr. S. 97) hingewiesen (vgl. auch S. 63).

Entschieden gesiegt hat oa über den Monophthong in der Zeit, in welcher Cozroh seine Handschrift schrieb. Zum Beweise benutze ich aus den Jahren 825—848 je eine der von mir verglichenen Urkunden, für 825 N. 484 bei Meichelbeck. für 826 N. 496, für 827 N. 508, 828 N. 520, 829 N. 541, 830 N. 547, 831 N. 557, 832 fehlen die Urkunden bei Cozroh, 833 N. 596, 834 N. 576, 835 N. 588, 836 N. 597, 837 N. 601, 838 N. 604, 839 N. 606, 840 N. 608, 841 N. 612, 842 N. 615, 843 N. 623, 844 N. 631, 845 N. 634, 846 N. 642, 847 N. 649, 848 N. 651.

Von 825—840 stehen 32 oa, 1 uo und 1 ua gegen 14 ô.

Von 841—848 mehrt sich der alte Vokal, und oa wechselt mit uo. Im Ganzen stehen in dem Zeitraum von 825—848 37 oa, 5 uo und 2 ua

(44) gegen 26 ô, das diphthongische Princip ist im Besitz der Herrschaft. In der folgenden Zeit verschwindet oa allmählich, uo nimmt das bisher beiden gemeinsame Gebiet allein in Besitz, und erst um 900 (Weinh. Bair. Gr. S. 63) erliegt ô gänzlich dem uo.

C. Diphthonge.

ai.

Bis zum Jahre 763 stehen sich alter und junger Diphthong in gleicher Stärke gegenüber. Wir finden ai in Liuphaid 4^{17}, Hailrat 4^{26}, Haimilonis 12^{12}, Haimperht 14^8, Hofahaim 15^{10} gegen Oadalheid 4_8, Zeizilo 5^{20}, Zeizo 5^{45}, Heilrat 9^{16}, Leidrat 15^{41}.

Von 765 bis 790 macht ei rasche Fortschritte. Ich zähle nur noch 5 ai, nämlich Haimo 27^{21}, Ortlaip 37^3, Rihhaid 43^{13}, Winguhaid 43^{14}, Aittarpah 70^{16}, dagegen 27 ei.

Nach 790 ist der alte Diphthong als erloschen zu betrachten, ich finde ihn bis 814 nur noch einmal in Maisaha 147^7 und auch hier nur bedingt.

Zu verzeichnen ist noch die Schreibung Hemilo 36^{12}.

au.

Hd. au zeigt sich ausser in den mit gau und auwa gebildeten Namen in Paugolf. Ou finde ich einmal in Louppach 124^5. Bemerkenswerth sind Walhogoi 15^{17} und Wormgoi 98^{57}.

Die Monophthongirung ist in den ältesten Urkunden, die uns zu Gebote stehen, bereits Regel. Bis zum Jahre 762 begegnen in 13 Urkunden 2 au: Aurillan 8^{11} (vgl. Orilan 10^8) und Aurilianus 11^9. Dagegen stehen 9 ô: 2^{19}, 4^{16}, 4^{23}, 5^{19}, 5^{25}, 6^6, 10^8, 12^{13}, 13^4.

Dreimal ist der Uebergangsdiphthong oa für ao geschrieben: Oatiloni 2^5, 2^7 und Oato 9^{19} (vgl. Weinhold, Bair. Gr. S. 98, wo Beispiele aus späterer Zeit hiefür gegeben sind).

Für die folgende Zeit bis 814 sind als vereinzelt auftauchende alte au nur anzumerken Audulfo 92², und 92¹⁴, Cauzo 99²², Audulfus 110⁵. Als Uebergang zeigt sich noch oa in Oatachar 24¹⁵, Oatlant 26¹⁴, Oathareshusir 86², Oatperht 97³⁷, Oato 150⁶. Eine Urkunde des Jahres 793 (N. 85) hat noch reichlich ao (Kaozesheim zweimal, Sampin soalla, Caozeslahhun, Caozesprunnun, Aotker). Für das Jahr 811 sind zu notiren Aotingas 153⁶ und Aotker 153⁵³. Gegenüber der grossen Masse der Namen, in denen die Monophthongirung vollzogen ist, erscheinen diese Beispiele als seltene Ausnahmen.

Einmal, in Perhtcooz 65¹², ist die Länge durch Verdoppelung bezeichnet.

iu.

Der nicht gebrochene Diphthong findet sich am häufigsten in den Namen Liutprant, Liutperht, Liuthad, Liutolt, Liutfrid, Liutrat, Liutheri, Liutuni, Liutpato, Liutpald, Liuthram, Liut, Liupkis, Liuphaid, Liupo. Formen mit eu finde ich keine.

Die regelmässige Form der Brechung ist eo, sie begegnet hauptsächlich in den mit Deot- gebildeten Namen. Es begegnen Deotrici, Deothelm, Deotperht, Deotrata, Deotpald, Deotuni, Deotmar, Deodolt, Deotleip, Deotleih, Deotan, Deotto, Theotto, Deotcoz, Deotpurc, Deotlind, Deotheri, Deotbart. Zeimal finde ich Diudolf (96¹⁵ und 155¹⁰). Einmal (63²) steht az Riutte, daneben aber az Reode 123³, Reodir 73³ und Erphunesreod 133⁴.

Vergleichen wir die Entwickelung des Vokalismus, wie sie uns nunmehr vorliegt, mit dem von Henning (QF III S. 110 ff.) für Alemannien nachgewiesenen Lautwandel, so ergiebt sich die wichtige Thatsache, **dass ungefähr die gleiche Entwickelung in Baiern früher, in Alemannien später stattgefunden hat.**

Zu derselben Zeit, in welcher in Alemannien noch der alte Laut uneingeschränkt herrscht, ist er in Baiern bereits auf die Hälfte des ursprünglich ihm zukommenden Gebietes angewiesen. Den Beweis liefern die Urkunden.

Bis zum Jahre 757 finden sich in Alemannien

in acht Urkunden 18 nicht umgelautete a, kein umgelautetes. In Baiern haben wir für dieselbe Zeit in sieben Urkunden 14 mal den umgelauteten, 16 mal den nicht umgelauteten Vokal.

Von 757—776 verhalten sich in Alemannien a und sein Umlaut wie 8 : 5, in Baiern beherrscht der Umlaut in den Jahren 758—772 mehr als zwei Drittel des gemeinsamen Gebietes.

Erst von 778—783 ist das Verhältniss in Alemannien ungefähr das gleiche, wie in Baiern in den Jahren 747 bis 757. Der baierische Stamm ist also im Bezug auf die Einführung des Umlautes dem alemannischen etwa um 30 Jahre voraus.

Altes ô herrscht bis zum Jahre 762 in Alemannien fast durchaus (QF III, S. 115), in Baiern sind bis 760 Monophthong und Diphthong ungefähr gleich mächtig. Der alte Vokal geht dann in den baierischen Namen seine eigenen Wege.

Altes ai begegnet in Alemannien bis zum Jahre 762 (QF III S. 117) ausschliesslich, in Baiern stehen sich ai und ei bis 763 in gleicher Stärke gegenüber. Zwischen 763 und 793 ist das Verhältniss von ai zu ei in Alemannien = 3 : 2, in Baiern zwischen 765 und 790 etwa gleich 1 : 5.

Altes au ist in Alemannien bis zum Jahre 762 im alleinigen Besitz des Gebietes (QF III S. 118), in Baiern ist bis zu diesem Zeitpunct die Monophthongirung bereits Regel.

Eine Vergleichung unserer Ergebnisse für Baiern mit der Chronologie der Lautentwickelung, wie sie Theodor Jacobi für fränkische Gegenden nachgewiesen hat, ergibt die zweite wichtige Thatsache, dass Baiern in seiner lautlichen Entwickelung der Zeit nach nicht viel hinter Franken zurücksteht.

Für altes ô findet Jacobi zwischen den Jahren 700 und 750 fast gleichzeitig die ersten uo und oa (Beiträge zur deutschen Grammatik S. 113). In Baiern hat die Diphthongirung des alten Vokals in den Jahren 747 bis 760 schon etwa die Hälfte des Gebietes inne. Der Anfang der Entwickelung wird demnach wohl noch in das erste Drittel des achten Jahrhunderts fallen. In der Folgezeit halten die baierischen Namen im Gegensatz zu den fränkischen und alemannischen das alte ô hartnäckig fest. Nur mühsam kommt im Laufe des achten Jahrhunderts oa dagegen auf, welches endlich im ersten Drittel des neunten den Sieg davon trägt. Uo und ua sind in diesem ganzen Zeitraum in den Namen unserer Urkunden nur spärlich vertreten.

Für altes ai findet Jacobi schon seit 500 n. Chr. ei. In Baiern stehen sich bis zum Jahre 763 ai und ei gleich stark gegenüber.

Auch mit der Monophthongirung des alten au scheint Baiern nicht viel später eingesetzt zu haben, als Franken. Jacobi findet zwischen 700 und 750 vor d, t, z und n häufig den Uebergangslaut ao. In Baiern haben wir zwischen 747 und 762 dreimal den Uebergang oa (für ao), zweimal au und neunmal ô.

Bisher war durch Hennings Untersuchung nachgewiesen, dass die Franken mit ihrer Entwickelung der althochdeutschen Laute den Alemannen vorausgeeilt sind. **Wir können auf Grund unserer Darstellung dem dritten Hauptstamm, den Baiern, den Platz in der Mitte zwischen beiden anweisen und zwar näher an den Franken als an den Alemannen. Bei den drei grossen Stämmen, die sich in das althochdeutsche Sprachgebiet theilen, hat sich im Wesentlichen dieselbe Entwickelung zuerst bei den Franken, bald darauf bei den Baiern, zuletzt bei den Alemannen vollzogen.**

Der Consonantismus in den Urkunden bei Cozroh bietet für die Chronologie der Sprache wenig Ausbeute. Die Lautverschiebung ist in den ältesten Schenkungen grösstentheils schon vollzogen.

Eine Vergleichung des Lautbestandes der ältesten litterarischen Denkmäler Baierns mit der von mir aus den Urkunden nachgewiesenen Entwickelung behalte ich mir für eine weitere Arbeit vor.